오직, 가치투자

오직, 가치투자

초판 1쇄 발행 2020년 9월 15일
2판 1쇄 발행 2021년 8월 31일
지은이·장홍국
발행인·안유석
책임편집·고병찬
본문 디자인·오성민
표지 디자인·김민지
마케팅·구준모
펴낸곳·처음북스   출판등록·2011년 1월 12일 제2011-000009호

주소·서울특별시 강남구 테헤란로길 27, 패스트파이브빌딩 12층
전화·070-7018-8812 팩스·02-6280-3032
이메일·cheombooks@cheom.net
홈페이지·www.cheombooks.net
인스타그램·@cheombooks
페이스북·www.facebook.com/cheombooks
ISBN·979-11-7022-228-6 03320

* 이 책은 <포스트 코로나, 가치투자의 진화>의 개정 도서입니다
* 잘못된 책은 구매하신 곳에서 바꾸어 드립니다.
* 책값은 뒤표지에 있습니다.

워런 버핏식 주식 투자 따라하기

오직, 가치투자

장흥국 지음

처음북스

"무릇 군자는 평온한 마음으로 몸을 닦고 검소함으로 덕을 길러야 한다. 담박하지 않으면 뜻을 밝힐 수 없고, 마음이 안정되지 않으면 원대한 목표를 이룰 수 없다. 배울 때는 마음이 안정되어야 하며 재능은 반드시 배움을 필요로 한다. 배우지 않으면 재능을 키울 수 없고, 뜻이 없으면 학문을 이룰 수 없다. 거만하고 게을러서는 정밀한 이치를 알 수 없고, 조급하고 경망하면 자기의 마음을 다스릴 수 없다. 나이는 시간과 함께 달려가고 의지도 세월과 함께 사라지면서 세상에 아무런 공헌도 하지 못한 채 그렇게 늙어갈 것이다. 그제야 낡은 집에서 슬퍼하고 탄식한들 어찌할 것인가?"

— 제갈량, 《계자서(誡子書)》

제갈량이 쓴 이글을 투자와 관련해 약간만 바꿔봐도 뜻이 잘 통한다.
"배울 때는 마음이 안정되어야 하며 재능은 반드시 배움을 필요로 한다.

배우지 않으면 재능을 키울 수 없고 배움에 열정이 없으면 경제적 자유를 얻을 수 없다."

최근 동학개미운동이라고 할 만큼 주식시장에 새롭게 뛰어드는 사람들이 부쩍 늘었지만, 먼저 주식에 대해 공부하고 시장을 배워서 뛰어들었는지 궁금하다. 배웠다고 해도 잘못된 지식을 배우진 않았는지, 올바른 지식을 배웠더라도 실제 투자에 잘못 적용하고 있지는 않은지 염려되기도 한다. 무엇보다도 마음이 고요해서 시장 분위기에 휩쓸려 다니지 않아야 하는데, 경험이 많지 않은 투자자들에게 이는 결코 쉽지 않은 일이다. 제갈량의 말처럼, 마음이 오만하면 제대로 공부할 수 없고 조급하면 자신의 본성을 다스릴 수 없어 미스터 마켓(주식시장)의 심술에 굴복하게 된다.

워런 버핏은 이 2가지(투자 지식과 마음가짐)를 그의 스승 벤저민 그레이엄에게서 배웠다. 그는 19살 때 그레이엄이 쓴 《현명한 투자자》란 책을 읽고 '안전마진'과 '미스터 마켓'을 이해하게 됐다. 그의 이론을 받아들이고 시장에 적용하기만 했는데도 수익률이 놀랄 만큼 좋아졌다. 시장에 뛰어드는 모든 투자자들은 오랜 세월에 걸쳐 높은 수익률을 기록한 워런 버핏을 꿈꾸겠지만, 워런 버핏이 그런 수익률을 내기 위해 어렸을 때부터 어떤 노력을 했는지는 잘 모른다. 처음에 나도 그랬다. 주식투자를 가장 잘 하는 워런 버핏만 배우면 될 줄 알았는데 그게 말처럼 쉽지 않았다. 왜냐하면 이미 많은 돈을 벌고 난 후의 워런 버핏만 기억하고 배우고 있기 때문이다. 대부분의 책이나 언론에서 다루고 있는 워런 버핏은 이미 부자가 된 후의 워런 버핏이다.

이 책은 먼저 주식시장과 주식투자에 대해 오해하거나 잘못된 지식을 가지고 있지 않은지 돌아보는 것으로 시작한다. 주식투자는 책 몇 권만 읽고 누구나 쉽게 시작할 수 있는 단순한 게임이 아님을 구체적으로 설명하고, 열심히 (현재의) 워런 버핏을 공부하기만 하면 워런 버핏처럼 부자가 될 수 있을 거라는 통념을 깨부순다. 그리고 변동하는 시장에서 고요한 마음을 갖기 위해서는 어떻게 해야 하는지 설명한다.

그다음으로 워런 버핏처럼 주식의 가치와 가격을 비교하기 위해 가치를 어떻게 계산하는지 설명한다. 뉴욕대학교 경영대학원 교수이며 주식 가치 평가의 세계적 권위자인 애스워드 다모다란 교수는 "건강한 투자란 어떤 자산에 대해 그 자산이 가진 가치보다 더 높은 가격을 지불하지 않는 것이다. 만약 이 명제를 받아들인다면, 우리가 무엇을 사려고 하든 그 전에 최소한 그 가치를 계산해보아야 한다"라고 말했다. 가치 계산은 주식투자를 시작하는 사람들이 가장 어려워하는 부분이지만 필수적인 부분으로, 경험상 단순하게 접근하는 것이 가장 좋은 방법이다. 이 책에선 가장 단순한 방법을 알려준다. 또한 투자 대가들이 투자 기업을 고르는 방법과 그 방법을 우리나라 시장에 즉시 적용할 수 있는 구체적이고 간단한 방법을 몇 가지 살펴본다. 더하여 직접 기업을 고르지 않고 시장 전체에 투자하는 자산 배분 방법들도 살펴보아, 직접 투자의 대안에 대해서도 모색해 본다.

끝으로 최근 가치투자의 낮은 수익률에 대해 알아보고, 2008년 금융위기 이후 가치투자의 대표 주자인 워런 버핏의 투자 성과를 분석해본다. 그 후 왜 워런 버핏을 똑같이 따라 하면 안 되는지 앞에서 설명한 내용을 다시 복기해보고, 가치투자에서 실제 투자 기업을 고르는 방법과 기업 분석 방법을 국내 기업을 예로 들어 자세히 설명하고자 한다.

제갈량이 아들에게 글을 남겼듯, 이 책은 내 아들과 딸에게 남기는 글이자 먼저 주식시장을 경험한 선배로서 막 주식시장에 뛰어들었거나 뛰어들

계획이 있는 후배들에게 남기는 글이다. 과거의 나처럼 자본주의 사회에서 주식을 단순히 도박으로만 치부하고 멀리할 것이 아니라, 적극적으로 배우고 뛰어들어 주식시장을 자신을 위해 일하는 하인으로 만들기를 간절히 바란다. 그러기 위해서는 먼저 투자 방향을 제대로 잡고 정확한 지식과 정보를 습득하고 배우는 훈련을 해야 한다. 이 책이 주식에 대한 편견을 깨고 그런 훈련을 하는 데 작은 디딤돌이 되었으면 좋겠다.

이 책은 코로나19가 우리나라를 비롯해 전 세계를 뒤덮기 시작했던 시기에 집필하기 시작했다. 사회적 거리두기로 외출이 자유롭지 않은 시기라 그동안 SNS에 단편적으로 적어두었던 글들을 정리하고 다듬어 출간하게 되었다. 결국 이 책은 코로나19 때문에 세상에 나오게 된 셈이다. 그래서인지 요즘엔 아침에 컴퓨터를 켜자마자 HTS나 투자 관련 정보를 훑어보기보다는 코로나19 상황이 업데이트되는 웹사이트 월드오미터*에 가장 먼저 접속하는 게 일과가 됐다. 아직도 코로나19는 종식될 기미가 전혀 보이지 않고 있고, 미국과 남미의 상황으로 봐선 오히려 세계적인 2차 대유행을 걱정해야 할 것 같다.

2020년 3월, 코로나19 1차 대유행으로 주식시장은 단기간에 급락하고 급등했다. 우리나라 코스피지수가 최저점을 기록했던 3월 19일, 군대를 갓 전역한 아들과 나눈 대화를 SNS에 남겨두었다.

2019년 우리나라 GDP는 1,914조 원이었다. 어제(3.18.) 우리나라 시가총액은 1,254조 원이었다. 시가총액을 GDP로 나누면 65.5%다. 워런 버핏은 이 숫자

---

* https://www.worldometers.info/coronavirus

가 60% 이하가 되면 최적의 매수 구간으로 봤다. 물론 미국을 기준으로 한 얘기다. 오늘(3.19.) 100조 원 이상이 빠져서 시가총액은 1,144조 원이 됐다. 버핏지수로 59.8%, 최적의 매수 구간에 접어들었다. 물론 여기서 더 떨어질 수도 있지만 버핏지수로만 본다면 지금 뛰어드는 2030세대의 타이밍은 나쁘지 않다. 아니, 아주 좋은 편이다.

그럼 그들은 어떤 주식을 사고 있을까? 뉴스를 보면 아빠와 같은 개인 투자자를 뜻하는 개미들은 주로 삼성전자를 사고 있다. 삼성전자는 전체 시가총액에서 대략 25% 정도를 차지하고 있다. 우리나라 시가총액 1,144조 원을 단순화해보면 외국인이 35%, 대주주가 40%, 기관이 10%, 개인은 15% 정도로 172조 원 정도를 소유한 셈이다. 지난 한 달간 개인은 삼성전자를 5.6조 원 순매수했고 외국인은 5.8조 원을 순매도해서, 주가는 거의 30% 정도 빠졌다. 저 매수자들 중 삼성전자의 재무제표를 읽어본 사람은 몇 퍼센트일까? 삼성전자의 가격은 42,950원으로 초등학교 학생이라도 알 수 있지만, 삼성전자의 가치가 얼마인지 계산해본 투자자는 몇 퍼센트나 될까? 투자를 하려면 꼭 위 질문에 대한 답을 먼저 찾아야 한다.

뉴스를 보면 외국인은 우리나라 대표 기업인 삼성전자뿐만 아니라 우리나라의 주식 전체를 모두 팔고 떠나는 것 같다. 하지만 1년 전 우리나라 시가총액은 1,703조 원이었고, 외국인은 555조 원을 보유해서 32.59%의 비중이었다. 오늘 우리나라 시가총액은 1,144조 원에 외국인은 400조 원을 보유해서 비중은 35%나 된다. 뉴스에 너무 감정적으로 휘둘리지 말고 직접 팩트를 확인하고 판단해라. 뉴스와 달리 외국인의 비중은 오히려 늘었다.

1년 동안 우리나라 시가총액은 560조 원이 감소했고, 그중 대주주는 224조 원, 외국인은 196조 원이나 줄었다. 가장 적은 84조 원의 손해를 본 개인들은 멘붕에 빠졌다고 하는데, 196조 원을 잃은 외국인 비중은 더 늘고 있고 224조 원을 잃은 대주주가 공포에 질려 주식을 팔아치우는 것 같지는 않다. 대주주는 가격이 내리거나 올랐다고 팔지 않고, 가격이 내리면 더 산다. 가격이 내렸을 때 멘붕에 빠질지, 할인가에 더 살지는 주식을 바라보는 포지션에 달렸다. 주식은 사고파는 종잇조각이 아니라 기업의 지분이다.

코로나19 2차 대유행이 닥쳐서 주식시장이 다시 또 폭락할지, 아니면 중앙은행이 무제한으로 공급하는 유동성 덕분에 모두가 바라는 브이(V) 자 반등 후 우상향할지 알 수 없지만, 이것 하나는 분명히 이야기할 수 있다. 가치와 가격을 구분해서 제 가치를 계산할 수 있다면, 가치보다 싸게 거래되는 기업을 사라. 가격이 떨어지면 기뻐하고, 가격이 올라가면 기뻐하라. 만약 그럴 자신이 없으면 시장 전체를 보유하는 다른 방법을 모색하라. 인류가 살아가는 한 시장은 우상향한다. 과거에도 그래왔고, 미래에도 그럴 것이다. 주식투자를 적극적으로 포용해서 배우고 이해하여 지렛대로 이용하라. 그러려면 무엇보다도 새로운 것을 받아들이고 편견을 깨기 위해 마음을 활짝 열어두어야 한다. 이 책이 누군가의 편견을 깨는 도끼가 되었으면 좋겠다.

항상 힘이 되어주고 내 편이 되어주는 사랑하는 아내 고혜선 덕분에 이 책을 쓸 수 있었다. 장래에 어떤 직업을 가지든 투자자의 포지션도 함께 가지길 바라는 아들과 딸에게 좋은 선물이 되었으면 하는 마음은 마지막까지 책을 쓰게 하는 원동력이 되었으니, 아들 장석원과 딸 장주원에게도 특별히 감사한다. 사랑으로 키워주신 어머니와 하늘에 계신 아버지 그리고 언제나 믿음으로 응원해주시는 아버님과 어머님께 고마운 마음을 전한다. 무엇보다 12년이라는 긴 시간 동안 나와 함께 투자 공부를 하면서 끊임없이 나의 어리석음을 깨우쳐주고 많은 지혜를 나누어준 투자 모임 4investors 회원들에게도 진심으로 감사드린다.

4investors와 함께 2007년 9월 7일 시작한, 시장에선 아무도 모르는 펀드 하나가 지난 2019년에 막을 내렸다. 12년 동안 총 수익 375.76%, 연평균 13.88%의 수익률이었다. 누군가에게는 별것 아니겠지만 같은 기간 코스피는 6.01%, 연평균 0.49% 수익률을 기록했다. 매년 코스피를 13.39%p나 추월했다. 12년 전에 1억 원을 투자했다면 매년 13.88% 증가하여 4.75억 원이 되었을 것이다.

늘 강조하지만, 복리라는 불가사의는 시간이 지날수록 진가를 발휘한다. 앞으로 10년 동안 매년 13.88%의 수익을 유지할 수만 있다면 지금 4.75억 원은 10년 뒤에 17.45억 원이 된다. 22년 동안 13.88%의 수익을 유지할 수만 있다면 지금 투자한 1억 원이 22년 후에는 무려 17.45억 원이 되는 것이다. 워런 버핏이 세계 최고의 부자가 된 이유가 바로 여기에 있다. 그는 20% 정도의 수익률을 60년 이상이나 유지하고 있다. 언젠가 세계 최고의 기업 아마존을 설립한 제프 베조스가 워런 버핏을 만나 당신의 투자 전략은 이리도 단순한데 왜 다른 사람들은 따라 하지 못하냐고 물었다. 그때 버핏의 대답은 간단했다.

"아무도 천천히 부자가 되고 싶진 않으니까요Because Nobody wants to get rich slow."

만일 처음에 1억 원이 아니라 100만 원을 투자했다면 22년 뒤에는 1,750만 원이 된다. 그래서 복리에서 초기 종잣돈의 규모가 중요하다. 버핏은 그렇게 중요한 초기 종잣돈을 마련하기 위해 6살 때부터 돈을 벌기 시작했다. 무려 6살이다! 11살 무렵에 처음 스스로의 판단으로 주식을 구매했고, 19살에 현재 가치로 무려 1억 원 상당의 순자산을 모았다. 최근 코로나19로 버크셔 해서웨이가 어려움을 겪고 있긴 하지만, 올해 90살이 된 지금도 버핏은 재산을 복리로 증식하고 있다.

부디 독자들은 나처럼 주식투자를 쉽고 만만하게 여겨서 몇 권의 책만 읽고도 버핏을 이해하고 있다고 오판하고 주식투자에 뛰어들어 수많은 시행착오를 겪는 실수를 반복하지 않기를 바란다. 단 한 권의 책으로 한 사람의 90년 인생을 다 알 수는 없겠지만, 이 책을 통해 잘 알려지지 않은 초창기 버핏의 투자 철학과 가치투자 방법을 올바르게 배워서 마침내 버핏처럼 하루라도 빨리 제대로 굴러가는 자기만의 독창적인 복리 기계를 만들 수 있게 되길 바란다.

천천히, 그렇지만 빠르게!

CONTENTS

1장

주식투자는
소수만이 성공하는
어려운 게임이다

"투자는 단순하다. 하지만 쉽지는 않다."

– 워런 버핏

사업이나 자영업을 시작하는 모든 사람들이 성공을 꿈꾸고 선거판에 뛰어든 정치인들은 당선을 꿈꾸듯, 주식시장에 뛰어든 개인 투자자들은 모두 부자를 꿈꾼다. 그것도 워런 버핏처럼 최고의 부자가 되기를 꿈꾸면서 주식시장에 뛰어든다. 그러다가 이런저런 시행착오를 거치면서 손실을 보고 나서야 비로소 자신이 아무 준비가 되어 있지 않았음을 깨닫는다. 자신의 부족함을 깨닫지 못한 투자자들은 주식을 도박이라고 매도하고, 그나마 준비 부족을 깨달은 소수는 주식투자에 대한 여러 가지 책을 읽는다. 요즘 동학개미운동*을 이끄는 소위 스마트한 개미들은 과거의 개미들과 달리 많은 지식을 습득하고 난 후에야 뛰어든다고 하는데, 과연 그들 중에 투자의 가

---

* 2020년 초 코로나19로 주식시장에서 외국인이 대규모로 매도하자 개인 투자자(개미)가 적극적으로 주식시장에 뛰어들어 주식을 매수하는 것을 반외세 운동인 동학농민운동에 빗대어 부르는 말이다.

장 기초인 기업의 재무제표*를 제대로 이해하고 투자하는 사람은 얼마나 될지 궁금하다. 자신이 투자하고자 하는 회사의 사업보고서를 찾아서 꼼꼼히 읽어본 투자자는 과연 몇이나 될까?

인터넷 교보문고에 들어가서 워런 버핏을 검색해보면, 국내서와 외서를 포함해 그와 관련된 책만 500권이 넘게 나온다. 그중 많은 책들이 워런 버핏을 배우고 그의 투자 방법을 따라 하기만 하면 누구나 성공할 수 있다는 듯 그의 투자 철학과 투자 방법을 거의 똑같은 방식으로 나열하고 있다. 워런 버핏에 대한 책이 아니더라도, 주식투자에 대한 책들은 대부분 책에 있는 방법을 그대로 따라 하기만 하면 독자들도 쉽게 연평균 20% 이상 수익을 올리면서 재산을 키워가는 투자의 달인이라도 될 것처럼 이야기한다. 세상에 그런 비법이 있었다면 우리나라엔 벌써 워런 버핏으로 가득 찼을 것이다. 세상에 공짜 점심은 없다. 마찬가지로 세상에 쉽고 빠르게 부자가 되는 비법도 없다.

나도 처음엔 주식투자를 그렇게 시작했다. 경제학을 전공했지만 사회생활을 시작한 후에도 주식은 도박이라는 막연한 관념에 사로잡혀 주식투자를 멀리했다. 그러다 2006년 무렵 우연히 워런 버핏에 관한 책을 읽은 후부터 생각이 바뀌기 시작했다. 나중에 알았지만, 주식투자를 차트나 기술적 분석**으로 시작하지 않고 워런 버핏으로 시작한 건 축복이었다. 시중에 나와 있는 워런 버핏에 대한 책을 하나씩 읽으면서 그의 인생관과 가치투자 철학에 매료되었고, 뒤이어 그의 85%를 차지한다는 벤저민 그레이엄의 책

---

* 기업의 재무 상태나 경영 성과를 보여주는 문서로 상장기업은 분기와 연도별로 보고서를 통해 공개해야 한다.

** 주식시장을 분석하는 방법 중 하나로 주로 차트를 이용해서 가격의 변화를 분석한다.

과 나머지 15%를 차지한다는 필립 피셔의 책까지 읽게 되었다. 급기야 버크셔 해서웨이의 2인자이자 버핏의 분신이라는 찰리 멍거의 책도 국내에 번역되지 않은 것은 원서를 찾아 모두 읽었다.

　아둔한 나는 워런 버핏과 그의 투자에 대해 100권이 넘는 책을 읽고 나서야 비로소 깨달았다. 서점에 나와 있는 버핏에 대한 책은 대부분 버핏이 이미 버크셔 해서웨이의 회장이 된 후의 이야기들을 다루고 있다는 점을 말이다. 게다가 모두가 워런 버핏의 이름을 달고 세상에 나왔지만, 정작 워런 버핏이 직접 쓴 책은 없었다. 워런 버핏에 관한 수많은 책 중에 그가 직접 쓴 책이 없다는 것을 깨달았을 때 신선한 충격을 받았다. 그럼 서점에 있는 그 많은 책들은 뭘까 싶어 찬찬히 살펴보니, 옆에서 버핏을 지켜본 그의 며느리나 그와의 점심 식사를 경매로 낙찰받아 직접 그와 대화를 나눈 사람 혹은 주변의 가까운 지인들이 썼거나, 그와 연관이 있는 회사의 종업원들을 인터뷰하고 쓴 것이었다. 그것도 아니면 그를 만나지도 못한 사람들이 그의 이야기나 그가 했던 말을 이것저것 묶고 편집해서 버핏의 허락을 받아 책으로 낸 경우가 대부분이었다.

　그렇다면 우리가 알고 있는 워런 버핏의 진짜 이야기들은 어디에 있을까? 찾아보니 그가 직접 쓴 글을 모아놓은 곳이 있었다. 바로 버크셔 해서웨이 주주들에게 보내는 편지였다. 버크셔 해서웨이 홈페이지*에 들어가면 메뉴 중 'Warren Buffett's Letters to Berkshire Shareholders'가 있는데, 이를 클릭하면 워런 버핏이 1977년부터 현재까지 직접 작성한 주주에게 보내는 편지를 연도별로 읽어볼 수 있다. 버크셔 해서웨이를 인수하고 본격

---

*　https://www.berkshirehathaway.com

적으로 운영했던 1965년부터 발행된 뉴스레터는 아마존에서 'Berkshire Hathaway Letters to Shareholders'를 검색하면 책으로 나와 있다. 또는 구글 검색을 해보면 당시의 글을 모아둔 사이트를 몇 개 발견할 것이다. 버핏이 직접 쓴 주주에게 보내는 편지나 주주총회에서 주주들과 직접 나눈 대화를 국내에서 번역한 책으로는《워런 버핏 바이블》,《워런 버핏의 주주 서한》,《워런 버핏 라이브》등이 있으니, 영어가 부담스러운 독자도 가공되지 않은 버핏의 목소리를 접할 수 있다.

영어 실력은 미천하지만 버핏의 이야기를 번역자의 개입 없이 날것 그대로 직접 보고 싶어서, 영어로 적힌 주주에게 보내는 편지를 처음부터 하나하나 해석하고 읽어나갔다. 처음에는 어려웠지만 뉴스레터에 일정한 패턴으로 반복되는 부분이 있어서, 시간이 지날수록 읽는 속도가 점점 빨라졌다. 그렇게 하나하나 거장의 흔적을 시간순으로 쫓아가다 보니, 앞서 내가 읽었던 책에서는 볼 수 없었던 새로운 사실들을 몇 가지 알게 됐고, 또 기존의 책들이 단편적으로 알려주는 가치투자* 방법들은 결코 일반 개인이 쉽게 흉내 낼 수 없다는 사실을 깨닫게 되었다. 대부분의 책들은 이미 부자가 된 후의 워런 버핏을 다루고 있는데, 주식투자에 새롭게 뛰어들거나 자본이 적은 개인 투자자들에게 도움이 되는 것은 대기업의 CEO가 되어 큰돈을 투자하고 굵직굵직한 자본을 배치하는 최근 버크셔 해서웨이 회장인 워런 버핏이 아니라, 1950~1960년대 전후에 작은 규모의 펀드를 운영했던 초기 개인 투자자와 펀드매니저 시절의 워런 버핏이라는 것도 알게 되었다.

---

* 기업의 내재가치를 계산해서 가격이 내재가치 밑으로 내려간 주식을 사는 투자 방법. 예를 들면 1만 원짜리 지폐를 5천 원에 구매하는 방법이다. 버핏은 이 방법을 직관적으로 이해하지 못하면 오랜 시간이 걸려도 이해하지 못할 것이라고 했다.

이 책은 주식투자에 있어서 최고의 고수인 초창기 워런 버핏을 분석해서 철저하게 배우고, 그 워런 버핏을 버리는 게 목적이다. 투자자라면 배울 수 있는 워런 버핏은 적극적으로 배우고, 배워도 따라 할 수 없는 워런 버핏은 버려서, 새로운 시대에 자신에게 맞는 새로운 방법을 찾아야 한다. 다소 거창한 제목으로 시작했지만, 책의 대부분은 워런 버핏과 그의 투자 방법인 가치투자에 대해 다룰 것이다. 기업의 '가치'와 투기가 아닌 '투자'에 대해 알아볼 것이다. 먼저 이야기해둘 것은, 이 책은 워런 버핏과 투자를 다룬 다른 책들과는 달리 처음 투자를 시작하는 초보 투자자들에게는 다소 불친절할 수 있다는 점이다.

주식투자에 대한 많은 책들은 초보 투자자를 대상으로 하고 있어서 내용이 대동소이하고 기초적인 개념을 반복적으로 설명하는 데 많은 페이지를 할애하지만, 이 책에서는 그런 부분들은 가급적 생략하려고 한다. PER, PBR, PSR, PCR, ROE, ROIC, EBIT/EV, FCF, GP/A, DY처럼 가치투자에서 기본적인 지표들의 의미나 개념은 나올 때마다 자세하게 설명하지 않고 가급적 그대로 쓸 예정이다. 재무제표로 대표되는 회계는 투자의 기본 언어이며, 투자에 참여하는 개인 투자자라면 전공과 관계없이 기본적으로 알아야 할 기초 지식이다. 주식계좌를 개설하는 방법이나 재무제표를 설명하는 책 그리고 이와 같은 지표의 의미에 대해 설명하는 책은 이미 시중에 많이 나와 있다. 기초 지식이 부족하거나 책을 읽다가 잘 모르는 부분이 생긴다면, 그때마다 서점에서 관련 도서를 찾아보거나 인터넷에서 검색해서 직접 알아보길 바란다. 노력 없이 손에 쥐는 것은 없다. 가치투자에 필수적인 10가지 지표는 이 책을 읽어나가는 데 반드시 필요한 지표이므로 말미에 따로 설명하니 참조하기 바란다.

위의 기본적인 지표들의 의미를 아직 제대로 모르고 있다면 지금 당장 직접 주식투자를 하려는 생각을 접고, 재무제표와 투자의 기초적인 부분들을 다시 공부하거나 직접 투자가 아닌 다른 대안들을 찾아보길 권한다. 물론 이 책에서도 그런 대안들을 다룰 것이다. 기본적인 지표의 의미를 모른다고 투자를 못하는 것은 아니지만, 이렇게 단호하게 직접 투자를 말리는 이유는 초보 투자자가 아무런 준비 없이 뛰어드는 이곳은 다른 스포츠 경기장과 달리 프로와 아마추어가 경력과 체급에 상관없이 모두 함께 경기를 치르는, 그야말로 무시무시한 곳이기 때문이다.

이제 막 권투의 기초를 배운 초보 선수가 곧바로 무하마드 알리나 마이크 타이슨이 있는 링 위에 올라 풀타임으로 경기를 뛴다고 생각해보라. 혹시 마이크 타이슨 앞에 선 초보 선수가 자신은 아닌지 자문해봐야 한다. 권투 경기의 룰도 모르고 주먹을 뻗을 줄도 모르면서 경기장에 서 있는 것은 아닌지 말이다. 버핏은 포커판에서 30분이 지났는데 돈을 잃는 호구가 보이지 않는다면, 그 호구는 바로 당신이라고 했다.

모두가 워런 버핏을 꿈꾸면서 주식시장이라는 또 다른 사각의 링에 오른다. 하지만 아이러니하게도 주식투자를 시작할 때 워런 버핏을 꿈꾸며 워런 버핏으로 시작하는 것은 축복이자 저주다. 그의 가치투자 방법으로 주식투자를 시작하는 것은 축복이지만, 그가 이룬 성과는 일반 개인 투자자가 결코 쉽게 따라 할 수 없기 때문이다. 이제부터 왜 버핏이 우리가 쉽게 따라 할 수 없는 저주인지, 그 이유를 하나씩 알아볼 예정이다. 그러려면 먼저 주식투자의 세계가 어떤 곳인지부터 알아야 한다.

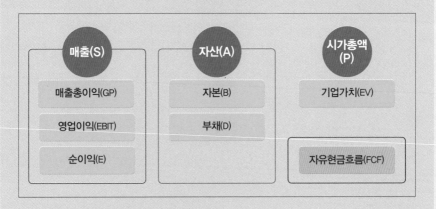

· 재무제표의 구성 ·

매출(S)
  매출총이익(GP)
  영업이익(EBIT)
  순이익(E)

자산(A)
  자본(B)
  부채(D)

시가총액(P)
  기업가치(EV)
  자유현금흐름(FCF)

　재무제표는 위의 표처럼 크게 3가지로 구성된다. 빨간색 테두리의 손익계산서, 파란색 테두리의 재무상태표 그리고 보라색 테두리로 되어 있는 현금흐름표다. 이 재무제표가 기록하는 기업의 가격이 시가총액(P)으로 거래된다. 손익계산서는 우리가 흔히 볼 수 있는 형식으로, 이해하기도 쉽다. 여기서는 사업으로 벌어들이는 영업이익의 추이를 주의 깊게 살펴보고, 특히 순이익(E)과 현금흐름표에서 계산할 수 있는 자유현금흐름(FCF)을 비교해봐야 한다. 산업마다 다를 수 있겠지만 일반적으로 좋은 기업은 순이익(E)보다 자유현금흐름(FCF)이 더 크거나 비슷한 수준을 유지한다. 장부상에 찍힌 이익보다 실제 회사로 들어오는 현금이 더 많은 것이다.

　재무상태표는 돈의 출처가 자기 돈인 자본과 타인 돈인 부채로 구분되어 표시되며, 부채비율과 함께 중요한 것은 이렇게 모은 돈을 가지고 자본 배치가 어떤 식으로 이루어지고 있는가를 자산항목에서 살펴보는 것이다. 사업에 직접 투자하고 있는 투하자본(IC, 투하자본=운전자본+유무형자산=매출채권+재고자산-매입채무+유무형자산)이 얼마인지, 보유하고 있는 순현금(현금+

투자자산-이자부채)은 얼마인지 여기서 직접 확인해야 한다. 자유현금흐름(FCF)은 일반적으로 영업이익에서 법인세를 제한 후 감가상각비를 더해주고, 유무형자산에 대한 투자비를 뺀 후 운전자본(매출채권+재고자산-매입채무)의 증가분을 더하거나 빼준다. 만약 운전자본이 늘었으면 빼주고, 줄어들었으면 그만큼 더하게 된다.

기업을 분석할 때 기본적으로 현재와 과거의 숫자들을 머리에 담고 있어야 하는 지표는 다음과 같다. PER=시가총액(P)/순이익(E), PBR=시가총액(P)/자본(B), PSR=시가총액(P)/매출(S), PCR=시가총액(P)/현금흐름(FCF), ROE=순이익(E)/자본(B), ROIC=(영업이익(EBIT)-법인세[*])/투하자본(IC), EBIT/EV=영업이익(EBIT)/기업가치(EV=시가총액(P)-순현금), GP/A=매출총이익(GP)/자산(A), DY는 배당금을 현재 가격으로 나눈 시가배당률이다. 바로 위에서도 설명한 FCF는 버핏이 ROE와 함께 특히 중요하게 생각하는 지표로, 버핏은 이것을 주주이익owner's earning[**]으로 따로 계산하고 있다. 일반적으로 시가총액(P)이 분자에 있는 지표들은 숫자가 낮을수록 좋고, 나머지는 높을수록 좋다. 이 지표들을 기업이 포함된 산업의 평균이나 그 기업의 과거 숫자들과 비교해서 판단해야 한다.

이해를 돕기 위해 아주 간략하게 재무제표의 구성과 그에 따른 가치지표들을 설명했지만, 제대로 투자하기 위해서는 재무제표에 대한 책을 꼭 먼저 읽어야 한다. 지표 하나만으로도 한 챕터를 할애할 만큼 내용이 많다.

---

[*] 우리나라의 법인세율은 과세표준 2억 원 이하 10%, 200억 원 이하 20%, 200억 원 초과 22%, 3천억 원 초과는 25%를 적용한다. 위 식은 대략 영업이익×(1-0.22)로 바꾸어 계산해도 큰 차이가 없다.

[**] 자유현금흐름(FCF)과 거의 비슷한데 FCF에서 사용하는 '영업이익-법인세' 대신 '순이익'을 사용해서 계산한다.

실제로 처음부터 끝까지 PER 하나만 설명하는 책도 있다. 요즘은 초보자의 눈높이에서 쉽게 설명하는 좋은 책들이 많이 나와 있으니, 이해가 안 되거나 궁금한 것은 꼭 찾아보길 바란다.

다시 강조하지만, 회계는 투자의 언어다. 자신이 투자하고 싶은 기업의 사업보고서를 열어서 앞의 도표의 이름 옆에 숫자들을 직접 채워보고, 위에서 열거한 기본적인 가치지표들의 현재와 과거를 자신의 손으로 계산해보는 것이 투자의 시작으로 가장 추천하는 방법이다. 매수는 그다음이다.

주식투자는 정말 어렵다

"투자자는 자신이 게임을 잘할 수 없을 것이라는 사실을 이해해야 한다.
일반 투자자에게는 상황을 결정할 능력이 없다.
시장에서 성공하는 것은 올림픽에서 금메달을 따는 것보다 어렵다."
– 레이 달리오

뉴스를 보거나 주변을 둘러보면 주식으로 돈을 벌었다는 이야기들이 심심 찮게 들려온다. 과거에는 개미들이 늘 기관과 외국인들에게 돈을 뺏기기만 했지만, 최근에는 동학개미운동 운운하면서 돈을 번 개미들의 이야기들이 언론에 단골처럼 등장하곤 한다. 그런 이야기들을 들으면 평범하게 저축 만 하던 사람들은 왠지 자기만 뒤처지는 것 같아 당장 무언가를 시작해야 할 것 같은 압박감을 느끼기도 한다. 모두들 쉽게 돈을 번 것처럼 이야기들을 해서 자칫 주식투자가 만만해 보일 수도 있다. 주식투자와 관련된 책을 몇 권 들춰봐도 모두 쉽게 돈을 벌 수 있을 것처럼 이야기하고 있지만, 사실 내가 경험한 주식투자는 정말 어렵다. 독자에게 이 사실만이라도 납득 시킬 수 있다면 이 책의 목적은 달성한 셈이다. 독자가 이 말에 겁을 먹고 주식투자에 대한 생각을 바로 접는다면, 반은 성공이고 반은 실패다. 준비 없이 뛰어드는 불나방을 막았다면 성공이고, 지금 같은 저금리하에서 가장 수익률이 좋은 재산 증식 수단인 주식투자를 멀리하게 했다면 실패인 것이다. 주식투자는 어렵지만, 미리 겁먹지 말고 왜 이런 이야기를 하는지 조금만 더 들어가보자.

요즘은 누구나 직접 증권회사를 방문하지 않고도 비대면계좌*로 그 자리에서 증권계좌를 개설하고 주식투자를 시작할 수 있다. 심지어 장소에 구애받지 않고 손안의 핸드폰만으로도 쉽게 주식을 매매할 수도 있다. 접근하기 쉬워서 그런지 투자가 더 쉬워 보인다. 하지만 주식시장에서 개인 투자자들은 돈을 벌지 못하고 대부분 잃는다. 오죽하면 워런 버핏의 투자 제1원칙이 '절대로 돈을 잃지 마라'였을까. 돈을 잃는 이유 중 하나는 앞에서 말한 시점과도 관련이 있다. 모두가 주식으로 돈을 벌었다고 뉴스에서 떠들썩하게 이야기할 때는 시장이 단기적으로 고점인 경우가 많은데, 뉴스를 보고 그때 뛰어드는 개인 투자자들이 많기 때문이다. 투자의 대가들은 단기적인 시장의 등락에 크게 개의치 않지만, 초보 투자자들의 수익은 시장의 단기적 등락에 의해 많이 좌우된다. 시장에 따라 수익률이 좌우되기 때문에 주린이(주식어린이)로 불리는 초보 투자자들은 수익이 나도 왜 수익이 나는지, 손실이 나도 왜 손실이 나는지 모르는 경우가 대부분이다.

증권사 자체 통계에 의하면, 일반 개인 투자자들이 주식으로 꾸준한 수익을 낼 확률은 많아야 약 5%다. 최소한 5년 정도는 수익을 내면서 주식시장에서 생존하는 이들의 비율이라고 볼 수 있다. 정확한 기간이 나와 있지 않지만, 일반적으로 단타 비중이 높은 우리나라에선 5년 이상의 기간을 장기로 보는 경향이 있다.

---

* 직접 은행이나 증권회사를 방문하지 않고 스마트폰을 이용해 계좌를 개설하는 것을 말한다.

2019년에 통계청에서 발표한 '2018년 기준 기업생멸 행정통계'에 따르면, 2017년을 기준으로 2016년에 창업한 기업(자영업 포함)의 1년 생존율(새로 창업한 기업 중 기준 연도까지 생존해 있는 기업의 비율)은 65%라고 한다. 2년 생존율은 52.8%로, 창업한 기업 중 약 절반의 기업이 2년을 버티지 못하고 폐업한다. 3년 생존율은 42.5%, 4년 생존율은 35.6% 그리고 5년까지 살아남은 기업의 생존율은 29.2%다. 새로 시작한 10개 기업 중 3개 정도만이 살아남는다는 말이다.

반면 주식투자는 3년 이상 살아남을 확률이 채 10%도 안 되고, 5년 이상 꾸준히 수익을 내면서 살아남을 확률은 단 5% 미만이다. 실제로는 이 수치보다 더 낮을 것으로 예상한다. 주식시장은 사업이나 자영업을 시작하는 것보다 살아남을 확률이 훨씬 희박한 곳이다. 그래서 레이 달리오는 이곳에서 성공하는 것은 올림픽에서 금메달을 따는 것보다 어렵다고 했다.

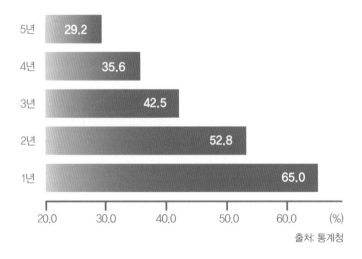

• 기업의 1~5년 생존율(2017년 기준) •

출처: 통계청

사례 1. 허영만 화백의 3천만 원과 6천만 원

최근 만화가 허영만 화백의 기사가 주목을 받고 있다. 지난 2017년 8월, 허 화백은 〈허영만의 3천만 원〉이란 만화를 연재하면서 증권업계 전문가들과 개인 투자자 중에서도 최고수로 구성된 자문단 5명의 지도를 받아 직접 3천만 원을 운용하는 과정을 공개했다. 2019년 4월부터는 금액을 6천만 원으로 올려서 〈허영만의 6천만 원〉을 연재했는데, 코로나19로 주식시장이 폭락했던 2020년 4월, 3년 만에 운용을 마감하면서 밝힌 누적수익률이 -25%가 넘어 사람들을 깜짝 놀라게 했다. 물론 코로나19로 인한 주가 하락의 영향도 있었겠지만, 직접 투자한 허 화백과 마찬가지로 내로라하는 주식의 고수들도 모두 마이너스 수익률을 기록했다.

기사에 의하면 2017년 8월부터 34개월간 운용한 것처럼 나오는데, 직접 자료를 찾아보니 약간의 착오가 있었다. 허영만 화백이 했던 몇몇 인터뷰를 보면, 1차(3천만 원)와 2차(6천만 원)에 각 1년씩 총 24개월을 운용했다. 1차(2017년 8월~2018년 8월, 이 기간 코스피는 약 -6.48%)에서는 31.92% 수익이 났다고 밝혔는데, 신문 기사에는 790만 원의 수익을 거뒀다고 나와 있었다. 수익률대로라면 약 957만 원이어야 정확하다. 1차의 성공으로 6천만 원으로 시드머니를 키운 2차(2019년 4월~2020년 4월, 코스피는 약 -17.92%)에서는 수익률이 -26.79%였다. 허 화백의 말을 종합해보면 1차에서 +790만 원, 2차에서 -1,600만 원이니 2년 동안 총 9천만 원을 투자해서 -810만 원의 결과를 거둔 셈이다. 같은 기간 코스피의 부진한 성과를 감안하더라도, 전문가들의 조언을 받고 투자한 결과치고는 아쉬움이 많이 남는다. 투자 지식과 경험을 겸비한, 국내에서 가장 실력 있는 투자 전문가들도 시장의 등락과 상관없이 꾸준한 수익을 얻는다는 것은 정말 어려운 일이다. 하물며 개인 투자자들이 장기간 20% 이상 꾸준한 수익을 올릴 수 있겠는가.

사례 2. 2008년 선정, 자녀에게 물려줄 명품 주식

'사례 1'에서 2년이라는 비교적 짧은 기간과 코로나19의 영향으로 급락한 예외적 상황을 고려한다면, 투자가 어렵다고 단정 짓기는 무리라고 생각할 수 있다. 그렇다면 이보다 훨씬 긴 시간에 걸친 투자를 살펴보자. 지금으로부터 대략 12년 전인 2008년 2월, 모 일간지에 자녀에게 물려줄 명품 주식에 대한 기사가 실렸다. 당대 고수로 불리는 최고의 투자 전문가 5명에게 자식에게 물려줄 향후 10년 뒤 알짜 주식을 물었다. 1998년에서 2008년까지 1,200% 오른 삼성전자처럼, 묻어두고 잊어버려도 될 만한 명품 주식 10개를 전문가들에게 고르라고 요청한 것이다. 중복이 없다면 총 50개 종목이 되겠지만, 몇 개 중복된 주식이 있었다. 직접 찾아서 조사해보니 2008년 전문가들이 해당 주식을 선정할 때는 중복을 포함한 50개 기업 모두 ROE 평균이 15.22%일 정도로 훌륭하고 향후 전망도 좋은 기업이었다.

12년이 지난 지금(2020년 5월), 그 주식들의 수익률은 어떻게 되었을까? 중복을 무시하고, 시시콜콜한 기업별 이벤트를 고려하지 않고 50개로 단순 산술평균한 수익률(배당수익률 무시)을 계산해보니 대략 42.8%였다. CAGR<small>Compound Annual Growth Rate</small>[*]은 3.02% 정도가 된다. 같은 기간 코스피를

---

[*] 연평균 성장률

대표하는 코덱스200은 14.69%, CAGR 1.15% 수익이었다. 물가상승률을 감안하면 오히려 마이너스 수익이다. 전문가들의 선택이 시장을 약 2%p 가까이 이겼으니 꽤 괜찮은 수익이라고 생각할 수도 있겠지만, 당대 최고의 전문가들이 미래의 성장성을 감안해 선정한 최고 주식의 12년 수익률치곤 실망스러운 결과다. 우리나라에서는 워런 버핏처럼 현재 좋은 회사를 사서 장기간 묻어둔다고 해서 절대로 높은 수익률이 따라오지 않는다. 버핏도 장기간 묻어두고 잊어버리는 투자는 하지 않았다.

저조한 수익률도 그렇지만, 더 큰 문제는 수익률을 얻기 위해 감당해야 했던 리스크다. 우리나라 주식시장은 이 기간 동안 MDDMax Draw Down*가 무려 -70%가 넘고, 매년 평균 MDD -30% 내외를 감당해야 했다. 위험을 고려한 수익률을 나타내는 샤프지수Sharpe Ratio**가 0.22, 소르티노지수Sortino Ratio***가 0.33 정도로, 다른 나라 주식시장들과 비교해봐도 아주 낮은 수준이었다.

---

* 최대 낙폭

** 샤프지수는 투자 성과를 나타낼 때 투자위험을 함께 고려해서 계산한 것으로, 일반적으로 (포트폴리오 수익률−무위험 수익률)/표준편차로 계산한다. 변동성인 표준편차를 위험으로 생각한다.

***소르티노지수는 상승과 하락의 변동성을 모두 위험으로 생각하는 샤프지수와 달리 마이너스 변동성만 위험으로 생각한다.

주식투자가 어려운 진짜 이유

"투자는 그 자체만으로도 충분히 어렵다.
사실상 성공은 지적 정직성, 엄밀함, 창의성 그리고 성실성을
유지할 수 있게 하는 과정을 필요로 한다."

– 세스 클라만

주식투자가 어렵다고 했지만, 사실 주식투자에서 성공하기 위해서는 2가지 조건만 있으면 된다. 버핏이 투자는 단순하다고 한 이유다. 첫 번째는 좋은 기업을 선택하고, 두 번째는 그 기업을 좋은 가격에 사는 것이다. 쉽고 단순하다. 그렇다고 해서 주식시장에서 좋은 기업을 싼 가격에 사기만 하면 성공할 수 있을까? 산 좋고 물 좋은 곳이 드문 것처럼, 좋은 기업의 주식 가격이 싼 경우는 정말로 드물다. 좋은 기업의 주식은 대부분 비싸고, 비싼 기업들 중에는 좋지 않은 기업들이 많이 섞여 있다. 대부분 싸게 거래되는 주식은 그럴 만한 이유가 있는 그저 그런 기업인 경우가 많다.

예를 들어보자. 학창 시절 같은 반 친구 한 명에게 자신의 돈을 투자하고 10년 혹은 20년 후 그 친구에게 투자금을 이익(손실)금과 함께 돌려받는다면, 어떤 기준으로 투자할 친구 한 명을 고를 것인가? 집이 부자인 친구, 공부를 제일 잘하는 친구, 운동을 잘하는 친구, 친구가 가장 많은 친구, 싸움을 잘하는 친구, 선생님들이 가장 좋아하는 친구, 도덕성이 가장 높은 친구, 친구들에게 신망이 가장 높은 친구, 제일 건강한 친구? 투자할 기업을 고르는 것도 이와 비슷하다. 단순히 지금 돈을 잘 버는 회사가 좋은 회사일까? 현금을 많이 가지고 있는 회사가 좋은 회사일까? 뛰어난 CEO가 있는 회사가 좋은 회사일까? 좋은 회사는 과연 어떤 회사일까? 이 물음에 답도 내지 않고 투자한다면 실패할 확률이 훨씬 높다. 문제는 이 물음에 답을 얻는 것은 그리 만만한 일이 아니라는 것이다.

워런 버핏은 경제적 해자*를 가지고 ROE가 꾸준히 유지되고 있는 기업을 좋은 기업으로 생각했다. 다행히 버핏처럼 자신의 투자 철학을 찾아서 좋은 기업을 고르는 안목을 어렵게 가졌다고 치자. 그다음에는 그 기업을 좋은 가격에 사야 한다. 투자 경험을 쌓다 보면 알게 되겠지만, 일반적으로 좋은 기업은 가치에 비해 가격이 비싸고 좋은 기업이 좋은 가격에 머물러 있는 순간은 거의 없거나, 있더라도 아주 짧다. 얼마 전 코로나19로 좋은 기업이든 나쁜 기업이든 가리지 않고 모든 기업의 가격이 헐값으로 떨어졌을 때가 적당한 예다. 그 순간은 매우 급속하게 다가왔고 너무 짧았다. 2008년 금융위기 이후 거의 10년 만에 찾아온 기회였다.

시장 전체가 하락하는 것 말고도 좋은 기업이 개별적인 악재로 인해 가격이 급락할 때가 있다. 평소 그 기업에 대해 많이 공부해두고 가치평가를 제대로 할 줄 아는 투자자라면 이때가 좋은 기업을 좋은 가격에 살 수 있는

---

* 해자란 성 주위를 깊게 파고 물을 가득 채우고 악어를 풀어놓아 적들이 쉽게 성으로 접근하지 못하게 막는 방어물을 말한다. 경제적 해자란 경쟁 기업이 쉽게 시장 점유율을 빼앗아 가지 못하게 막는 것으로 브랜드, 무형자산, 규모의 경제, 전환가격, 비용우위, 네트워크 같은 것들을 의미한다.

절호의 기회가 된다. 1960년대 초반, 워런 버핏의 아메리칸 익스프레스* 투자가 좋은 예다. 버핏은 비싸고 좋은 기업들이 극복 가능한 악재로 가격이 떨어졌을 때 대규모로 사들이는 것을 특히 좋아했다. 2008년 금융위기 당시 골드만삭스를 비롯해 몇몇 좋은 기업들이 헐값으로 떨어졌을 때, 자신에게 유리한 상황에서 아주 유리한 조건으로 쓸어담았다(다만 2020년 코로나19로 인한 하락에는 연준의 빠른 유동성 공급 조치로 1,370억 달러의 현금을 가지고 있는 버핏에게까지 좋은 조건의 기회가 찾아가지는 않은 것 같다).

주식시장에서의 성공 확률

앞에서 주식시장에서 성공하기 위해서는 2가지 조건만 필요하다고 했다. 이를 그림으로 그려 단순화하면 다음과 같이 9개의 경우의 수가 나온다.

· 주식시장에서의 경우의 수 9가지 ·

구분	싼 가격	적당한 가격	비싼 가격
좋은 기업	좋은 과정 1	좋은 과정 3	나쁜 과정 4
적당한 기업	좋은 과정 2	나쁜 과정 2	나쁜 과정 5
나쁜 기업	나쁜 과정 1	나쁜 과정 3	나쁜 과정 6

좋은 과정 1은 시장에서 아주 드물기 때문에 따로 파란색으로 표시했다. 초

---

* 여행자수표와 신용카드가 주요 사업인데 1964년 소규모 사업 분야인 창고증권에서 부실이 발생해 주가가 50% 가까이 하락했을 때 버핏은 자금의 40%를 투자해서 큰 수익을 얻었다.

창기의 워런 버핏은 적당한 기업을 아주 싼 가격에 구매하는 좋은 과정 2에 주력했다가, 나중에는 좋은 기업을 적당한 가격에 사는 좋은 과정 3으로 투자 철학을 옮겨 갔다. 9가지 경우의 수에서 접근할 수 있는 좋은 과정은 노란색으로 표시된 2개가 되므로 확률은 9분의 2다. 초보 투자자가 가장 많이 선택하는 나쁜 과정은 나쁜 기업을 싼 가격에 사는 나쁜 과정 1과 적당히 좋은 기업을 비싼 가격에 사는 나쁜 과정 4와 나쁜 과정 5인 경우가 많다. 고수들은 선구안을 가지고 나쁜 기업을 싼 가격에(나쁜 과정 1) 사서 나쁜 기업이 좋은 기업으로 탈바꿈하는 전 과정을 함께하면서 좋은 기업이 비싼 가격(나쁜 과정 4)으로 갈 때까지 보유해서 고수익을 올리기도 하지만, 이런 투자는 아무나 할 수 있는 일은 아니다.

투자의 과정이 좋았으니 결과도 좋을 것인가? 주식투자가 어려운 가장 큰 이유 중 하나는 좋은 과정이 좋은 결과를 보장해주지 않는다는 것이다.

구분	좋은 결과	그저 그런 결과	나쁜 결과
좋은 과정	성공	희망	불운
나쁜 과정	행운	숨겨진 다행	실패

좋은 과정을 추구했더라도 불운이 닥치면 나쁜 결과를 얻을 수 있다. 아무리 열심히 공부하고 대가들의 방법을 배우고 따라 했더라도(나중에 살펴보겠지만 이것도 정말 어려운 일이다), 지난 3월처럼 시장 전체가 폭락하기 전에 시장에 진입하는 불운을 겪었다면 단기간에 맞이한 나쁜 결과로 인해 견디기가 쉽지 않았을 것이다. 좋은 과정을 따라갈 확률 9분의 2에 좋은 결

과가 나올 확률 3분의 1을 곱해보면 7.4%다. 좋은 결과가 나올 확률을 똑같이 3분의 1로 잡아서 5%보다 조금 높게 나오긴 했지만, 크게 다르지 않은 결과다. 그러면 초보 투자자가 흔히 마주치게 되는 나쁜 과정을 거치고도 좋은 결과가 나오는 이른바 초심자의 행운이 나올 확률은 얼마나 될까? 9분의 6에 3분의 1을 곱하면 22.2%가 된다. 꽤 높은 확률로 초보자의 행운이 따라온다. 문제는 대부분의 초보 투자자들은 좋은 결과를 행운이 아니라 자신의 실력으로 믿고 자신이 해온 나쁜 과정을 반복하다가 결국에는 실패를 겪는다는 점이다.

투자는 좋은 과정을 통해 좋은 결과를 얻는 전체 과정을 반복적으로 수행하면서 복리로 수익을 불려나가는 게임이다. 행운이 겹쳐 몇 번의 투자에서 이익을 봐서 투자자산이 늘었지만, 행운을 자신의 실력인 줄 알고 오판하다가 자산이 불어난 상태에서 맞이하는 실패는 치명적이다. 복리 게임에서 마이너스 수익은 최대한 피해야 한다. 더구나 레버리지*와 불운, 레버리지와 실패가 만나면 순식간에 경기장에서 아웃된다. 그래서 대가들은 레버리지를 최소화하고, 자신이 실수할 수도 있다는 사실을 알기 때문에 안전마진을 따지고, 분산투자로 위험을 낮추고, 장기투자를 통해 운의 개입을 최소화하려고 노력한다.

---

* 지렛대처럼 적은 힘으로 큰 힘을 낼 수 있게 해주는 것을 의미하며, 금융에서는 빚을 통해 자신이 가진 자본보다 훨씬 큰 금액으로 투자 규모를 늘리는 것을 의미한다.

우리나라 주식시장(코스피)의 수익률

우리나라 주식시장을 대표하는 코스피지수는 한국거래소의 유가증권 시장에 상장된 회사들의 시가총액 총합을 기준 시점인 1980년 1월 4일과 비교하여 얼마나 성장했는지 지수화한 것이다. 1980년을 100으로 놓았을 때 40년이 지난 현재 2,160(2020년 6월 기준)이므로 우리나라 유가증권 시장은 대략 20배 넘게 성장한 것이다. 엑셀 창을 열고 셀 하나에 =RATE(40, 0, -100, 2,160)을 입력하면 7.98%가 나온다. 40년 동안 연평균 8% 정도로 성장했다는 말이다. '72의 법칙'은 숫자 72를 복리 수익률로 나누면 원금이 2배가 되는 데 걸리는 시간을 빠르게 계산할 수 있는 방법이다. 72/8=9(년)로, 우리나라를 대표하는 주식시장인 코스피는 지난 40년 동안 대략 9년에 2배씩 성장해왔다.

주식시장의 수익률을 다른 자산과 비교해보면 어떨까? 최근 자료는 나와 있는 게 없고, 2012년까지 비교한 자료를 한국거래소에서 발표한 적이 있는데 다음 표와 같다.

· 국내 투자자산별 누적 수익률 비교 ·

출처: 한국거래소

다른 자산들에 비해 주식의 변동성이 아주 크긴 하지만, 수익률이 가장 좋은 것을 볼 수 있다. 이 표는 1982년부터 2012년까지 30년 동안 투자자산별 누적 수익률을 보여주는데, 앞에서 썼던 엑셀식을 활용하여 30년 동안 각 자산들이 얼마만큼 연평균 수익률을 보였는지 계산해보자. 주식을 먼저 해보면, 엑셀 창에서 셀 하나를 선택한 후 =RATE(30, 0, -100, 2,893)을 입력하면 11.87%의 수익률이 나온다. 앞에서 40년 동안 수익률이 7.98% 였는데, 대략 8년 전까진 수익률이 12%에 가까웠다는 이야기다. 따라서 최근 10년 동안 주식 수익률이 과거에 비해 좋지 않았음을 알 수 있다. 나머지 자산들의 수익률도 같은 방법으로 계산해보면 아래와 같다.

• 투자자산별 연평균 수익률 •

구분	1982	2012	수익률
주식	100	2,893	11.87%
채권	100	1,710	9.93%
예금	100	877	7.51%
부동산	100	520	5.65%
금	100	519	5.64%
원유	100	390	4.64%

주식이 다른 자산들에 비해 높은 수익률을 보이고 있다. 하지만 2000년 이후 최근 20년 주가성장률을 보면 3.87%로 4%에도 미치지 못한다. 2010년 이후 최근 9년의 성장률을 보면 2.71%로 더욱 떨어졌다. 주식투자를 시작하는 대부분의 개인 투자자들에게 목표 수익률을 물어보면 20~30% 이상을 이야기한다. 과거 주식의 평균 수익률이 10%를 넘을 때만 기억하는 것이

다. 하지만 개별 기업의 수익률도 결국 금리와 물가와 GDP성장률의 중력을 벗어나기 힘들다. 지금처럼 저금리, 저성장, 저물가 시대에는 목표 수익률도 합리적인 수준으로 조정해야 한다.

　현재의 금리와 물가상승률을 감안하면 5~10% 정도면 아주 좋고, 10~20% 정도를 꾸준히 달성할 수 있다면 뛰어난 대가의 반열에 오를 만큼 훌륭하다. 그만큼 우리나라 주식시장에서 꾸준히 10% 이상 수익을 내기가 과거에 비해 훨씬 어려워졌다는 의미다. 워런 버핏의 장기 연평균 수익률이 20% 내외임을 명심하자. 72/20=3.6(년)이 되므로, 버핏은 60년 넘는 기간 동안 투자금을 3.6년에 2배씩 기하급수적으로 불려서 세계에서 손꼽히는 부자가 되었다. 1950년대 개인 투자자 시절까지 고려한다면 무려 70년 넘는 기간 동안 버핏의 재산이 복리로 증가한 셈이다. 꾸준히 20% 수익만 낼 수 있다면 세계 최고의 부자가 될 수 있다. 당신이 버핏보다 더 잘할 수 있다고 생각하는가?

· 워런 버핏의 재산 ·

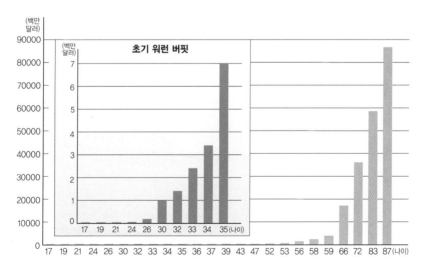

미국 주식시장의 수익률

워런 버핏이 주식에 투자해서 오랫동안 좋은 수익을 낼 수 있었던 것은 미국 주식시장이 장기간 우상향했던 덕도 컸다. 특히 워런 버핏이 60% 이상의 높은 수익률로 종잣돈을 불리고 명성을 쌓았던 1950~1980년대의 미국 주식시장은 수익률이 좋았다(아래 캔들 그래프 참고).

• 미국 주식시장의 수익률(1944~2020년) •

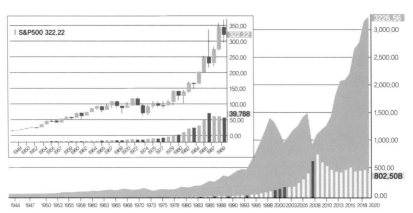

출처: 미국 야후파이낸스 S&P500

제레미 시겔 교수는 《주식에 장기투자하라》에서 미국의 경우 1802년부터 2012년까지 주식수익률(6.6%)이 장기국채수익률(3.6%)보다 꾸준히 높았기 때문에 투자를 하려면 주식을 사서 장기간 보유하라고 권했다. 다른 자산들의 수익률도 단기국채(2.7%), 금(0.7%), 달러(-1.4%) 순으로 주식수익률에 비해 많이 떨어졌다.

미국의 주식, 채권, 현금의 자산별 수익률을 10년 주기로 나누어 살펴보면 다음과 같다. 주식의 경우 다른 투자자산에 비해 변동성이 크긴 하지만, 10년간 보유한다고 했을 때 대공황과 금융위기가 있었던 2번의 경우를 제외하고는 모두 플러스 수익이다. 보유 기간이 길수록 변동성이 시간에 따라 상쇄되어 일정하고 꾸준히 수익을 올릴 가능성이 높아진다. 과거의 데이터로 검증해보면, 어떤 시기에 주식투자를 시작하더라도 20년 이상 보유하고 있다면 플러스 성과를 보였다. 다만 케인스가 말한대로 장기적으로 우리 모두는 죽는다. 누구에게 20년은 너무 긴 시간일 수도 있다.

• 미국의 10년 주기별 자산 수익률(1930~2019년) •

	주식	채권	현금	물가상승률
1930~1939	−0.9%	4.0%	1.0%	−2.1%
1940~1949	8.5%	2.5%	0.5%	5.5%
1950~1959	19.5%	0.8%	2.0%	2.0%
1960~1969	7.7%	2.4%	4.0%	2.3%
1970~1979	5.9%	5.4%	6.3%	7.1%
1980~1989	17.3%	12.0%	8.8%	5.5%
1990~1999	18.0%	7.4%	4.8%	3.0%
2000~2009	−1.0%	6.3%	2.7%	2.6%
2010~2019	13.4%	4.1%	0.5%	1.8%

출처: 애스워드 다모다란, https://www.stern.nyu.edu

애스워드 다모다란 교수의 자료를 근거로 1930년부터 2019년까지 90년 동안 각 자산별 수익률을 계산해보니 주식수익률은 연평균 9.56%, 채권은 4.93%, 현금(3개월 T-Bill)은 3.36%로 주식이 가장 좋은 투자 대상임을 알 수 있다.

최근 10년 동안만 놓고 보면 주식수익률이 과거에 비해 많이 떨어졌고, 특히 미국 주식에 비해 우리나라 주식수익률이 더 저조하긴 하지만, 긴 기간을 놓고 비교해보면 우리나라나 미국이나 주식수익률이 채권이나 기타 다른 자산과 비교해서 수익률이 높은 편이다. 그러므로 지금과 같은 저성장, 저물가, 저금리 상황하에 자신의 재산을 인플레이션에서 지키고 불려나가려면 자산의 변동성을 감안하더라도 반드시 주식투자를 고려해야 한다. 특히 우리나라 주식시장보다 앞으로는 미국 주식시장에 더 관심을 가져야 할 것이다. 당연히 미국을 포함한 해외 주식투자는 국내 주식투자보다 더 많은 공부가 필요하다.

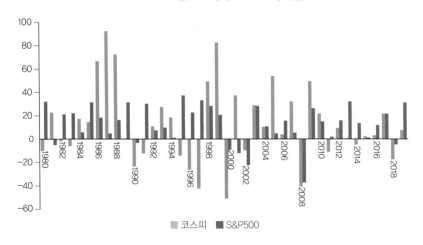

• 1980~2019년 코스피와 S&P500 수익률 •

■ 코스피　■ S&P500

1980년부터 2019년까지 최근 40년 동안 우리나라 코스피와 미국의 S&P500 수익률을 비교해보면 위의 표와 같다. 코스피는 40년간 기하평균* 7.56%의

---

* 우리가 알고 있는 평균은 합의 평균인 산술평균이다. 기하평균은 곱의 평균으로 곱셈으로, 계산하는 값의 평균을 계산할 때는 기하평균을 사용한다. 100만 원이 첫해에 10%, 다음 해에 −20%, 그다음 해에 20% 수익이라면 연평균 수익률은 (10%−20%+20%)/3으로 계산한 3.33%가 아니라 100만 원에 1.1, 0.8, 1.2의 기하평균(엑셀함수 GEOMEAN) 1.018329를 3번 곱한 값이 3년 후 금액이 되므로 연평균 1.83% 수익률이 된다.

수익률이었고 미국 S&P500은 11.79%였다. 우리나라 코스피(파란색)의 변동성이 미국에 비해 훨씬 크고, 2010년 이후 수익률도 미국 S&P500에 비해 떨어지는 것을 한눈에 볼 수 있다. 우리나라 주식시장의 변동성은 거의 2배나 컸다. 우리나라 주식시장은 미국 시장에 비해 변동성은 크고 수익률은 낮은, 그야말로 난이도가 아주 높은 시장이다. 미국에서 적용되는 논리를 섣불리 우리나라 주식시장에 그대로 적용하면 생각한 대로 움직이지 않는다.

최근 스위스의 금융그룹 크레디트스위스의 연구소가 세계 23개국의 투자 실적을 조사한 결과에 의하면, 1900년부터 2019년까지 120년간 전 세계 주식투자의 연평균 수익률은 5.2%로 채권(2.0%)과 국채(0.8%)보다 높았다고 한다. 지난 10년간 전 세계 주식과 채권의 연평균 실질수익률은 각각 7.6%와 3.6%였고, 향후에도 주식의 위험 프리미엄은 약 3.5% 정도일 것으로 추측했다. 지금과 같은 제로금리에 가까운 저금리 환경에서 채권수익률에 주식의 위험 프리미엄을 더하더라도 주식투자에서 5% 이상의 수익을 기대하기가 점점 더 어려워진다는 얘기다.

지금까지 주식투자가 어려운 이유에 대해 제법 길게 설명했다. 다시 한번 강조하지만, 주식은 아주 어려운 동시에 외면할 수 없는 좋은 투자처다. 재산을 불려나가기 위해서는 월급을 통한 수입 외 투자자산을 모으고 키워나가야 하는데, 그러기 위해서는 반드시 주식투자에 대해 공부해야 한다. 세계에서 주식투자를 제일 잘하는 워런 버핏은 무슨 방법을 써서 그렇게 부자가 되었을까? 이제부터 하나씩 그 비밀을 알아볼 것이다. 그 전에 부자가 되는 방법보다 더 중요한 투자의 원칙과 심리에 대해 알아보자. 투자를 할 때 정말 중요한 부분이다.

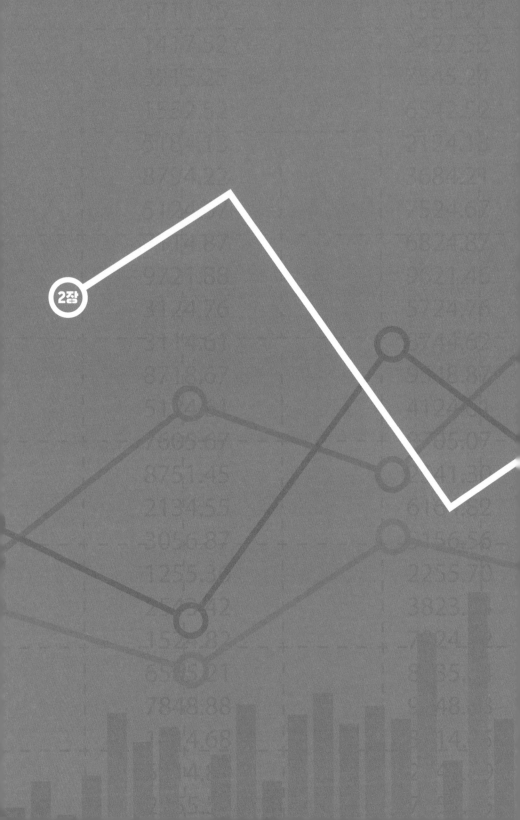

2장

투자 원칙과 심리

"자기가 투자를 잘하고 있는지 평가해보는 가장 좋은 방법은
시장을 이기고 있느냐가 아니라, 투자 계획과 행동 원칙을
마련해 잘 지키면서 목적지까지 잘 가고 있느냐를 보는 것이다."

– 벤저민 그레이엄

주식시장은 기업의 가치와 상관없이 매일 가격이 변동한다. 앞서 설명한 것과 같이, 아무리 좋은 과정을 거쳤다고 해도 불운이 닥치면 어쩔 도리가 없다. 광폭하게 출렁거리는 가격의 변동성과 불운이 합치면 아무리 이성적이고 합리적인 사람이라도 감정에 지배될 수밖에 없다. 투자자가 이런 시장의 압력에서 벗어나려면 자신의 투자 원칙에 대해 종교 수준의 믿음과 확신을 가질 필요가 있다. 특히 워런 버핏이 하는 것 같은 가치투자에서, 가치의 존재를 인정하고 계산하고 나온 결과와 자신의 투자 과정을 믿지 않는다면 시장의 광폭한 하락을 견뎌낼 재간이 없다. 가치의 존재를 믿는다고 해도 어지간한 감정 조절 능력이 없다면 시장의 압력에 굴복하기 쉽다. 견뎌내는 것은 피하는 것보다 훨씬 중요하다. 위대한 투자자들은 감정적이지 않고 시장의 분위기에 휩쓸려 다니지 않으며, 오히려 시장의 변동성을 유리하게 이용하려고 노력한다.

만일 투자자가 감정적이라면, 가격이 높아져 시장 참여자 모두가 행복할 때 시장에 진입하고 가격이 떨어져 모든 참여자들이 우울할 때 시장을 빠져나올 것이다. 그렇게 행동하면 감정적인 투자자는 결과적으로 가장 높은 가격에 사고 가장 낮은 가격에 팔게 된다. 가격이 올랐다고 주식을 사고, 가격이 떨어졌다고 주식을 팔면 안 된다. 특히 엄청난 폭락의 시점에서 매도하면 더욱 안 된다. 따라서 분명한 투자 원칙을 가지고 있어야 시장의 변동성과 군중심리에 휩쓸리지 않고 거리낌없이 모든 사람들과 반대로 움직일 수 있다. 투자자는 이성적으로 변동성을 제한하고 그것을 관리하기 위해 노력해야 한다. 자신만이 다가오는 변동성을 알고 피할 수 있으리라고 생각하는 것은 착각이다. 변동성을 다스리기 위해서는 자신만의 확고한 투자 원칙을 가지고 있어야 한다.

올바른 투자 원칙 만들기

"자신의 투자 지침으로부터 벗어나고 싶은 충동을 억제해야 한다."

– 워런 버핏

처음 주식투자에 대한 책을 몇 권 읽고 실제로 투자에 뛰어들면서도 투자 원칙의 중요성을 잘 알지 못했다. 내가 읽은 대부분의 가치투자에 대한 책들이 주식투자의 방법이나 대가의 검증된 기법에 대해 이야기하는 줄로만 알았다. 물론 아무리 많은 책을 읽어도 대단한 방법이나 특별한 기법은 없었다. 하지만 경험이 쌓이고 독서량이 늘어나면서, 결국 투자의 대가들이 책에서 말하고 있는 것은 기법이 아니라 투자에 대한 원칙이라는 것을 깨달았다.

워런 버핏은 가장 중요한 원칙이 돈을 잃지 않는 것*이라고 말했다. 구체적이지 않고 두루뭉술하기는 하지만 간단하다. 하워드 막스는 포트폴리

---

* 워런 버핏의 투자 원칙 첫 번째는 '돈을 잃지 마라', 두 번째 원칙은 '절대 첫 번째 원칙을 잊지 마라'일 정도다.

오 관리 철학의 핵심이 자본 보존(버핏과 마찬가지로 돈을 잃지 않는 것)과 장기적으로 '위험 조정된' 수익이라고 말했다. 평상시에도 그렇지만 특히 위기상황이 오면 누구나 실수를 하고, 이성보다는 감정에 휘둘려 의사결정을 하기 마련이다. 투자의 대가들이라고 별반 다르지 않다. 우리와의 차이점이라면, 끊임없이 경험으로 업데이트되고 있으며 위기상황에서 그들이 전적으로 믿고 의지하고 따르는 확고한 투자 철학이 있다는 것뿐이다.

투자 철학과 원칙은 한 번 만들면 고정 불변인 것이 아니다. 시간과 경험이 쌓이면서 더 강화되거나, 추가되거나, 혹은 개선된다. 버핏의 투자 원칙도 그런 시간의 시험을 통과하면서 조금씩 추가되거나 변해갔다. 지금의 IT 열풍과 바이오 투자 열풍처럼 버핏이 한참 펀드를 운용하던 1960년대에도 IBM, 폴라로이드, 제록스 같은 신기술 회사가 시장을 이끌던 때가 있었다. 그때 버핏은 포트폴리오 운용에 새로 2가지 원칙을 추가했는데, 첫째는 잘 모르는 기술 회사에 섣불리 투자하지 않는다, 둘째는 인간의 삶을 위협하는 행위나 활동에는 투자하지 않는다는 것이었다. 그의 이러한 원칙은 2000년대 초반 닷컴 열풍*이 불 때 시장의 광기에 휩쓸려가지 않도록 그를 지켜주었다.

또한 1966년 버핏이 주주에게 보낸 주주 서한을 보면 여섯 번째 원칙이 새로 추가되었음을 볼 수 있다. 그는 이렇게 썼다. "I am not in the business of predicting general stock market or business fluctuations. If you think I can do this, or think it is essential to an investment program, you should not be in the partnership." 곧, "나는 사업이나 주식시장의 변동을 예측하지 않습

---

* 1990년대 말부터 2000년대 초반까지 인터넷과 관련된 IT기업에 묻지 마 투자를 하던 시기

니다. 만약 내가 그런 일을 할 수 있다고 생각하거나 그것이 투자에서 필수적이라고 생각한다면, 당신은 버핏 파트너십을 떠나야 합니다"라는 뜻이다. 버핏과 같이 확고한 투자 원칙을 세우기 위해서는 먼저 많은 투자 관련 책을 읽으면서 자신의 기질과 성향에 맞는 주식투자 원칙을 하나씩 배워나가야 한다.

투자 철학을 세우기 위한 10가지 질문

1. 투자를 하는 목표는 무엇입니까?
2. 투자에 대한 핵심적인 믿음은 무엇입니까?
3. 선택한 투자 철학의 잠재적 리스크를 알고 있습니까?
4. 내가 틀렸다는 것을 언제, 어떻게 알 수 있습니까?
5. 그것은 당신의 기질과 개인적인 상황에 적합합니까?
6. 투자 철학을 포트폴리오에 접목시키는 데 필요한 제약 조건은 무엇입니까?
7. 시간이 지나면서 포트폴리오를 변경하게 만드는 원인은 무엇입니까?
8. 언제 매도합니까?
9. 언제 매수합니까?
10. 감정을 어떻게 관리할 수 있습니까?

내가 가지고 있는 투자에 대한 생각은 다음과 같다. 기업의 가격은 결국 가치에 수렴한다. 가치는 한 가지 숫자로 결정되는 것이 아니고 일종의 구간으로 형성된다. 무엇보다 가치보다 싼 자산을 사려고 노력한다. 평상시 기업의 쇼핑 리스트를 만들어 가지고 있어야 한다. 시장에는 가격이 가치를 뛰어넘는 오버슈팅이 있듯이 언제나 언더슈팅도 있다. 바닥은 아무도 정확하게 맞힐 수 없다. 대중이 공포에 빠졌을 때 탐욕을, 탐욕에 빠졌을 때 공포를 느껴야 한다. 모두가 공포에 빠졌을 때는 평소 생각처럼 시장에 진입하기가 결코 쉽지 않음을 안다. 그리고 내 판단이 언제든지 틀릴 수 있음도 안다.

구체적인 숫자와 관련된 생각에는 이런 것들이 있다. 산업의 특성을 고려해야겠지만, 일반적으로 부채비율* 100% 이상인 기업은 매수하지 않는다. 배당수익률이 0인 기업은 성장성이 뛰어나지 않은 한 특별히 주의한다. 상장한 지 3년 이내의 기업은 고려하지 않는다. 뒤에 나오는 '투자 기업을 고르는 방법'에 나쁜 기업의 조건이 몇 가지 더 있으니 참고하기 바란다.

그러면 다른 투자자들은 어떤 원칙을 가지고 있을까? 가치투자 펀드매니저로 유명한 이채원 한국투자밸류자산운용 대표는 모 신문사와의 인터뷰에서 "단 하나, 싸고 귀하고 소외된 자산을 찾는 것이다. 주변을 둘러보고, 부동산이든 채권이든 주식이든 저평가된 걸 확인하는 게 우선이다. 정량적으로 PBR 1배 이하를 고르고, 20~30% 정도 저평가되어 있으면 매력적이라고 생각한다. 펀더멘털 외적으로 PER 7배 이하, PBR 0.7~1 사이에서 기업을 찾아보면 좋다. 정성적인 부분은 비즈니스 모델에 관한 건데, 자신의 운명을 스스로 결정할 수 있는 기업이 제일 좋은 기업이다"라고 말했다.

2019년 중반, 가치투자를 표방하는 자산운용사 10곳과 슈퍼개미라 불리는 개인 투자자 5명이 공시한 포트폴리오를 자세히 분석해본 적이 있었다.

---

* 기업의 부채를 자본으로 나눈 비율. 기업의 안정성을 측정하는 지표 중 하나로 산업별로 차이가 있지만 일반적으로 100% 이하를 좋게 본다.

모두 가치투자를 지향하지만, 각론으로 들어가면 누구는 저PER, 누구는 저PBR, 누구는 부채비율이 낮은 기업만 구매하는 식으로 서로 다른 기준과 원칙을 사용하고 있었다. 심지어 브이아이피자산운용의 공동 대표인 최준철 대표와 김민국 대표는 같은 회사에서 같은 투자 철학을 가지고 투자를 하고 있지만 스타일에서는 차이가 있다. 최준철 대표는 워런 버핏에 가깝고 김민국 대표는 벤저민 그레이엄에 더 가까운 투자를 하고 있다. 하지만 대가들의 포트폴리오를 자세히 뜯어보면 일관성이 있었다. 아마도 원칙이 내포하고 있는 일관성일 것이다. 포트폴리오에 들어 있는 기업들을 모아서 분석해보면 그 사람의 원칙과 투자 스타일을 대강 알 수 있다. PER의 역수와 비슷한 의미인 EBIT/EV로 분석해본 결과, 한국투자밸류자산운용의 PER은 이채원 대표의 말처럼 낮은 편에 속해 있었다.

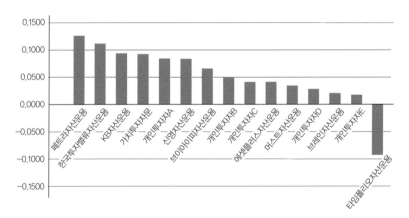

• 국내 가치투자자 EBIT/EV 분석 •

만들기보다 더 어려운 원칙 지키기

"머리가 좋은 사람의 투자 성과는
원칙을 지키는 사람의 성과에 미치지 못한다."

– 윌리엄 번스타인

1990년부터 2015년까지의 미국 주식 수익률을 계산한 통계에 따르면, 이 기간 동안 시장에 가만히 머무르고 있었다면 8.20%의 수익을 얻을 수 있었지만, 전체 기간 동안 시장의 고점에서 단 10일만 빠져 있었다면 연평균 수익률은 4.50%로 줄어든다고 한다. 《가치투자의 비밀》(흐름출판)의 저자 크리스토퍼 브라운은 "주식에 투자해 얻는 수익률의 80~90%는 전체 투자 기간의 2~7%라는 짧은 기간에 발생한다"라고 말했다. 주식의 수익은 채권처럼 계획대로 꾸준히, 일정하게 증가하는 게 아니라 상승과 하락을 반복하면서 오르락내리락하는 모습을 보인다. 따라서 매 순간 시장의 하락과 상승을 맞추기 위해 에너지를 쏟기보다는, 시장이 어려워지면 잠시 컴퓨터와 휴대폰을 끄고 버핏의 조언대로 여행을 가거나 투자의 고전을 읽는 것도 좋다. 물론 시장의 등락을 정확하게 예측하고 언제든지 하락 전에 빠져나왔다가 상승 전에 들어갈 수 있다고 생각하는 사람들에겐 해당되지 않는 이야기다.

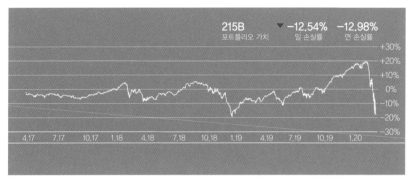

• 워런 버핏의 최근 3년 수익률(2017.4~2020.3) •

215B
포트폴리오 가치 ▼ -12.54% -12.98%
일 손실률 연 손실률

아무리 투자 경험이 많고 자산이 많아도 시장의 하락은 괴롭다. 코로나 19로 인한 시장 폭락으로 천하의 워런 버핏도 엄청나게 큰 타격을 입었다.

시장이 한창 폭락하고 있던 2020년 3월, 지난 3년 동안 워런 버핏의 수익률을 살펴봤더니 -17.1%였다. 비록 평가손으로 잡힌 금액이긴 하지만, 버크셔 해서웨이의 2020년 1분기 주식 포트폴리오에서 손실액만 약 670억 달러 이상, 우리나라 돈으로 무려 80조 원 정도였다. 안전한 자산 배분 투자로 유명한 레이 달리오의 3년 수익률도 -13.35%였다. 하지만 생각해보라. 투자의 대가들이 시장이 하락했다고 자신의 투자 철학을 바꿨다는 뉴스를 들어본 적이 있는가? 워런 버핏은 하락하는 시장이야말로 자신의 투자 철학을 시험할 수 있는 좋은 기회로 보았다. 어려운 때가 닥쳤다고 원칙을 바꿀 것인 것인가? 그렇게 바꾼 원칙을 진정한 투자 철학이라고 할 수 있을까? 자신만의 원칙이 있는 사람은 위기에서 오히려 단호해진다.

주식시장을 설명하는 두 단어를 든다면 탐욕과 공포라고 할 수 있다. 대가들은 늘 시장이 탐욕을 부릴 때 공포를 느끼고, 시장이 공포를 느낄 때 탐욕을 부리라고 했다. 탐욕과 공포라는 단어를 떠올릴 때마다 난 두려움과 용기를 떠올렸다. 시장이 탐욕을 부릴 때 두려움을 느끼고, 시장이 공포를 느낄 때 용기를 가져야 한다. 반대로 시장이 탐욕을 부릴 때 용기를 가지면 자칫 만용이 되기 쉽고, 시장이 공포를 느낄 때 두려움을 느끼면 시장의 분위기에 휩쓸려 순식간에 이성이 마비되어 옳은 판단을 할 수가 없다.

불안한 마음으로는 좋은 결정을 내릴 수 없다. 앞에서 기업의 재무제표, 기본적인 지표들에 대한 기초적인 지식이 없으면 가급적 직접 투자를 하지 말라고 권유했는데, 이번에도 마찬가지다. 시장의 등락에 관계없이 자신이 구매한 주식이 하락하는 것을 지켜봐야 하는 고통을 감수할 수 없거나 정서적 안정이 부족하다고 생각되면, 가급적 주식에 직접 투자하지 말길 다시 한번 권한다.

"우리는 결과를 통제할 수 없다. 우리가 통제할 수 있는 유일한 것은 과정뿐이다. 좋은 결과를 얻는 최선의 방법은 투자 과정을 현명하게 운용하는 것이다."

– 제임스 몬티어, 《100% 가치투자》, 부크온

투자와는 좀 먼 농구 이야기를 잠시 하겠다. 구글 검색창에 "Trust the Process"를 입력하면 '샘 힝키'가 바로 뜬다. 그는 NBA팀 필라델피아 76ers(세븐티식서스)의 GM으로 부임한 2013년 5월부터 일관되게 '프로세스'를 강조했다. 샘 힝키는 야구의 테오 엡스타인 같이 선수 경력이 전혀 없는, 경제학과 통계학 전공자였다. 힝키는 부임하고 나서, 자신의 팀을 아직 조립할 뼈대가 없는 레고블록 같은 팀이라고 진단했다. 지금 당장 이 팀의 레고를 몇 개 조립하면 몇 경기는 이길 수 있지만, 그래봐야 플레이오프 1

라운드만 들락거리다가 선수들의 몸값만 올라서 모두 다른 팀으로 이적해서 나가고 또다시 새로 만들어야 할, 그저 그런 팀이 반복될 것으로 봤다. 그래서 시즌 중에는 팀의 승리에 전력을 기울이지 않고 팀의 자산이 될 미래의 유망주나 신인 드래프트픽을 모으는 방식으로 운영하면서 몇 년간 탱킹tanking*에 주력했다.

하지만 2015년 12월, 피닉스를 강팀으로 이끈 제리 콜란젤로를 고문으로 영입하면서 76ers의 무제한 탱킹 노선도 변하기 시작했다. 콜란젤로 영입 이후 76ers는 힝키가 내보낸 선수를 다시 영입하거나 다른 팀의 베테랑을 절대 영입하지 않았던 예전과는 정반대의 행보를 걸었고, 결국 콜란젤로와의 파워 게임에서 패배한 샘 힝키는 팀을 떠났다. 그러나 샘 힝키가 뿌린 'Trust the Process'의 씨앗은 그후 몇 년이 지난 2017~2018시즌부터 만개하기 시작했다. 샘 힝키의 생각은 단순했다. 챔피언십 우승을 하기 위해서는 슈퍼스타가 필요하다는 것이다. 통계적으로 필라델피아가 우승했던 1983년 이후 거의 모든 우승 팀에는 슈퍼스타가 있었다. 예외는 단 3번뿐이었다.

힝키는 우승하기 위해서는 슈퍼스타가 필요하다는 것을 과거 데이터를 분석해 통계적으로 확인하고, 현재 팀의 상황을 진단해서 슈퍼스타가 될 가능성이 있는 선수들을 확보하기 위한 전략을 만들고 꾸준히 실천했다. 물론 그 과도기 단계에서의 나쁜 성적으로 인해 구단주나 팬들에게 많은 비난을 받을 수도 있지만, 과정에 대한 믿음이 확고하다면 샘 힝키처럼 뚝

---

* 포스트시즌 진출 가능성이 희박한 약체 팀이 다음 해 드래프트 때 좋은 선수를 얻기 위해서 고의적으로 저조한 팀 성적을 유도하는 행위를 말한다.

심을 가지고 밀고 나가야 한다. 개인 투자자는 자신을 비난할 사람이 자신을 제외하고는 아무도 없다는 장점이 있다. 신중하게 자신만의 철학을 만들었으면 믿고 밀어부칠 수 있어야 한다. 지연된 결과는 내가 통제할 수 없겠지만, 그 과정은 내가 통제할 수 있다. 확고한 자기만의 원칙을 가지고 있으면 스스로 현실과 타협하려는 약한 마음을 없앨 수 있다. 자신의 믿음이 흔들리는 순간은 투자할 때 늘 찾아온다.

벤저민 그레이엄은 사망하기 전 마지막 인터뷰에서 다음과 같이 말했다. "투자의 핵심은 끝까지 고수할 수 있는 올바른 원칙을 마련하는 것이다." 그레이엄은 '가격이 가치보다 싼 기업을 분산해서 구매한다'는 간단한 원칙 하나로 장기간 시장을 이겼다.

> "투자란 복잡한 일이 아니다. 먼저 기업의 언어인 회계원리를 알 필요가 있다. 그러기 위해서는 《현명한 투자자》를 읽어야 한다. 또한 바른 마음가짐, 즉 올바른 기질을 가져야 한다. 기업이 하는 일에 관심을 가져야 하며, 자신이 잘 아는 기업에만 집중해야 한다. 벤저민 그레이엄과 필립 피셔의 책, 기업의 영업 보고서 및 업계의 자료를 읽어라. 하지만 그곳에 나와 있는 복잡한 수학 기호는 읽지 말고 건너뛰어라."
>
> – 로버트 해그스트롬, 《워런 버핏의 완벽투자기법》, 세종서적

이제 본격적으로 워런 버핏을 세계에서 손꼽히는 부자로 만들어준 그만의 투자 원칙과 투자 방법에 대해 자세히 알아보자. 앞에서 언급한 대로 주식투자는 정말 어렵다. 이 어려운 투자의 세계에서 70년 동안 복리로 20%가 넘는 수익을 낸 위대한 투자자를 따라가다 보면, 막연히 워런 버핏을 꿈

꾼다는 게 얼마나 불가능한 꿈이었는지 새삼 깨닫게 될 것이다. 그게 바로 다음 장의 목표다.

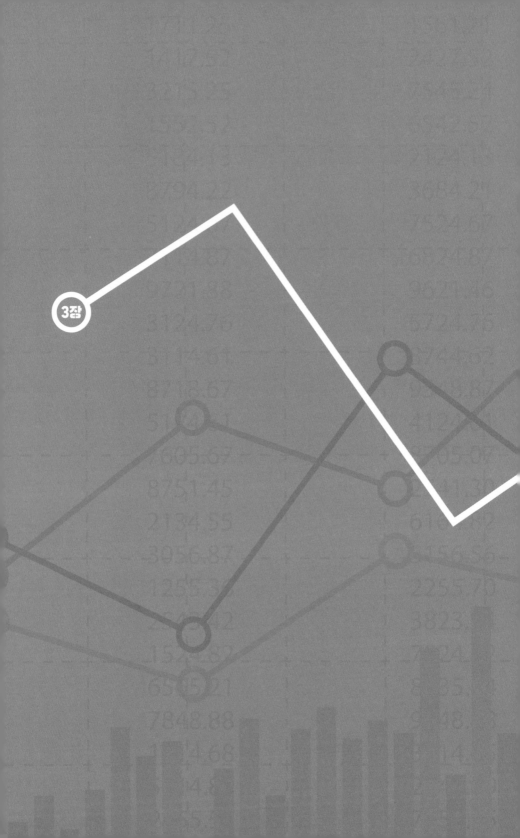

3장

워런 버핏이
부자가 된 방법

"인생은 눈덩이를 굴리는 일과 같다.
중요한 것은 습기를 머금은 눈과 길고 긴 언덕을 찾는 일이다."

– 워런 버핏

종잣돈 모으기

워런 버핏은 아주 어렸을 때부터 돈을 벌기 시작했다. 또한 분야를 가리지 않고 책 읽기를 좋아해서, 어린 나이에 사업에 관한 책을 적어도 100권 이상 읽었다. 책만 읽은 샌님이 아니라 직접 여러 가지 사업을 시도해, 돈도 벌고 그만큼 실패도 많이 겪었다. 당시에도 보기 드문 어린이였다. 직접 수천 개의 골프공을 팔았고, 60만 부 이상 신문도 팔았다. 증권 브로커인 아버지의 영향을 받아 주식투자에 대한 책도 수백 권 넘게 읽었고(철도 채권에 관한 책을 7살에 읽었다!), 가치투자에 입문하기 전에는 기술적 분석을 포함하여 주식투자의 모든 분야를 폭넓게 공부했다.

11살(생일이 지나지 않은 1942년)에 처음으로 아버지가 고객들에게 권유하던 주식 시티즈 서비스 우선주를 38달러 25센트에 본인 3주, 누나 도리스 3주, 아버지 4주, 총 10주를 구매했다. 하지만 도리스는 학교에 갈 때마다 주식 가격이 떨어진 것에 불평했다. 가격이 27달러까지 떨어졌다가 매수가

· 1930~1969년 버핏의 삶과 재산 ·

연도	나이	재산	내용	현재 (물가 3.45%)	원화환산 (환율 1,200원)
1930	0		8월 30일 출생		
1936	5	$0	껌, 콜라 판매		
1936	6	$20	현금출납 기록 시작	$345	₩414,546
1937	7		《채권 판매》 책 읽음		
1939	9		골프공 판매		
1940	10		– 땅콩과 팝콘 판매, 주식 관련 독서 시작, 월스트리트 견학 – 《천 달러를 버는 천 가지 방법》 책 탐독, 복리 개념 이해 – 35살에 백만장자가 될 것이라고 선언		
1942	11	$120	첫 주식(시티즈 서비스) 구매	$1,691	₩2,029,276
1942	12		주말에 할아버지의 가게 도움 (육체노동), 폐지 판매, 가출		
1943	13		신문 배달 시작		
1945	15	$2,000	– 40에이커 농장 구입($1,200) – 신문 배달에 잡지를 추가해 1달에 $175 수입(선생님보다 고소득) – 우표수집 판매, 세차, 캐디 등의 활동 병행, 소득세 내기 시작 – 이발소에 핀볼머신 사업, 고교 졸업 전에 $1,200에 판매	$25,458	₩30,549,096
1947	17	$5,000	고교 졸업	$59,470	₩71,363,704
1948	18		50명의 신문 배달부를 관리하는 매니저가 됨		
1949	19	$9,800	– 《현명한 투자자》 읽음, 컬럼비아 대학 입학 – 가치투자 시작(파커스버그 리그 앤드 릴 200주 매수)	$108,916	₩130,699,061
1951	21	$19,738	– 주식 중개인으로 아버지 회사에서 일함 – $5,000 대출받아 투자	$204,978	₩245,973,627
1954	24	$35,000	그레이엄–뉴먼 입사	$328,307	₩393,968,919
1956	26	$174,000	오마하로 귀향, 5월 5일 버핏 어소시에이츠 설립	$1,525,109	₩1,830,130,987
1960	30	$1,000,000		$7,652,965	₩9,183,557,428
1962	32	$1,807,600	버핏 파트너십 통합	$12,926,205	₩15,511,446,126
1963	33	$2,400,000		$16,590,117	₩19,908,140,765
1967	37	$10,000,000		$60,355,414	₩72,426,497,107
1969	39	$25,000,000	버핏 파트너십 청산	$140,992,254	₩169,190,704,892

보다 조금 더 오른 42달러에 모두 팔았는데, 2년 후에는 그 주식이 202달러가 넘었다. 이 일로 버핏은 눈앞의 작은 이익을 덥석 잡으면 안 되고, 다른 사람의 돈을 맡아 투자할 때는 먼저 스스로가 그 주식에 대한 확신이 있어야 한다는 교훈을 얻었다. 물론 자신에게 돈을 맡긴 사람에게 어디에 투자했는지 일일이 설명할 필요가 없다는 것도 깨달았다. 11살이면 우리나라에서는 초등학교 5학년 정도다. 초등학교 다닐 때 무슨 일을 했는지 곰곰이 생각해보자. 나는 매번 버핏의 전기를 읽을 때마다 비현실적이라는 느낌이 든다.

버핏은 고등학교를 다닐 때 이미 신문 배달을 통해 학교 선생님의 월급보다 더 많은 돈을 벌고 있었고, 작은 농장도 사서 국가에 소득세를 내고 있었다. 고등학교를 졸업한 직후 자산이 현재가치로 7천만 원을 넘었다. 19살 때 스승 그레이엄이 가르치는 컬럼비아 대학에 입학할 즈음에는 이미 순자산이 현재 가치로 1억 원을 넘겼다. 순전히 본인의 힘으로 만든 1억 원이었다. 투자에서 1억 원의 상징적 의미는 무척 크다. 현재 많은 사람들이 30대 전후에 사회생활을 하며 순금융자산 1억 원을 만드는 데 걸리는 시간을 계산해보자. 연봉을 3천만 원이라 가정하면 매달 실수령액이 대략 230만 원 내외다. 아끼고 아껴 최저생활비로 100만 원 정도만 쓰고 130만원을 저축한다고 하면 1억 원을 모으는 데 약 6.4년이 걸린다. 연봉이 2천만 원이라면 이 기간은 무려 15년으로 늘어난다. 우리가 기껏해야 35~45세에 할 수 있는 일을 버핏은 충분한 사업 경험과 투자에 대한 지식을 갖추며 단 19살에 끝냈다.

이것도 놀랍지만, 더 놀라운 점은 이제부터다. 기술적 분석에 탐닉하기도 하고 당시 유행하던 여러 가지 투자 기법을 시도해보기도 했지만 만족하지 못했던 소년은, 1949년에 그레이엄이 쓴 《현명한 투자자》를 읽고 주식투자에 새로이 눈뜨게 된다. 버핏은 스승이 가르쳐준 투자 방법을 그대로 따라하면서 1956년까지 시장이 연평균 22.35% 증가할 때 연평균 61.5%의 속도로 자산을 불려나가, 26살에는 현재 가치로 약 18억 원에 가까운 돈을 모았다. 무려 시장을 40%p 가까이 이긴 것이다. 기억하는가? 머리말에서, 세상에서 아무도 모르는 펀드에 종잣돈 1억 원을 투자해서 무려 22년 동안 13.88%의 수익률을 기록해야만 달성할 수 있었던 금액이 대략 18억 원이었다. 현대인이 제일 빠르게 35세에 1억 원을 가지고 13.88% 복리로(이건 정말 힘든 일이다) 꾸준히 재산을 늘렸어도 57세가 되어서야 만들 수 있는 금액이다. 이 돈은 당시 가치로 버핏과 그의 부인이 10년 동안 아무 일도 하지 않고도 생계를 유지할 수 있을 정도의 규모였다. 생계를 위한 직업을 갖지 않고도, 과거 평균 수익률 60%에 비하면 아주 낮은 단 10% 정도의 자산 수익률만 가지고도 충분히 먹고살 수 있을 정도의 자산 규모와 실력을 완성한 것이 26살이다. 흔히 말하는 경제적 자유를 이룬 것이다.

이 시기를 조금 더 구체적으로 살펴보면, 워런 버핏은 1951년 컬럼비아 대학에서 《증권 분석》과 《현명한 투자자》를 쓴 그레이엄을 만나 그에게서 직접 가치투자를 배우고 나서 그레이엄의 회사에 들어가길 원했지만, 유대인이 아니라는 이유로 거절당한다. 그 후 버핏은 고향인 오마하로 돌아와 부친의 주식 중개 회사인 버핏-포크에 입사해 주식 중개인으로 명성을 쌓았다.("1951년부터 제 실적이 날로 향상되었습니다. 그렇다고 식단을 바꾸거나 특별한 운동을 한 것도 아닙니다. 새로운 것이 있다면 그레이엄의 생각을 받아들인 것 뿐입니다. 대가 밑에서 몇 시간 동안 배운 것은 혼자 10년 동안 고심한 것보다 훨씬 더 많은 교훈을 주었습니다." - 이채원, 《이채원의 가치투자》, 이콘) 그러다가 1954년에 스승인 그레이엄의 호출로 뉴욕으로 돌아와서 그레이엄이 세운 투자조합인 그레이엄-뉴먼에 입사해 스승과 함께 일하며, 가치투자의 구체적인 방법을 현실에 접목하는 동시에 자신의 돈도 함께 불려나갔다. 버핏이 태어난 후 이 시기까지의 자산 증가 규모는 앞의 표에 잘 나와 있다.

펀드매니저

1956년, 그레이엄이 61세가 되어 은퇴하면서 그레이엄-뉴먼 사가 해체되고 버핏은 뉴욕을 떠나 고향 오마하로 돌아왔다. 그레이엄에게 배운 지식을 가지고 버핏은 자신이 가지고 있던 약간의 돈(100달러)과 7명의 주주인 누나 도리스와 남편 트루먼 우드(1만 달러), 고모 앨리스 버핏(3만 5천 달러), 장인 톰슨 박사(2만 5천 달러), 대학교 룸메이트 척 피터슨(5천 달러)과 그의 어머니(2만 5천 달러), 그리고 변호사이자 친구 댄 모넨(5천 달러)의 돈을 합쳐 10만 5천 달러를 모아 주식회사 형태의 조그만 펀드를 시작했다. 이른바 전설의 시작이다. 그의 나이 26살 때였다. 흔히 사람들은 버핏이 자기 돈 100달러만 가지고 펀드를 시작했다고 오해하는데, 1956년 10월쯤 개인 돈(17만 4천 달러)을 포함해 직간접적으로 투자한 전체 투자 규모는 이미 100만 달러가 넘었다. 현재 가치로 계산하면 무려 100억 원이 넘는 금액이다. 생활비를 위한 20억 원에 가까운 개인 자금과 자신을 믿고 투자를 맡긴 주변 사람들의 돈

약 80억 원을 단 26살에 모은 것이다. 불과 5년 뒤인 1961년에 버핏이 설립한 모든 투자조합의 총자산은 약 700만 달러(현재 가치로 약 610억 원)에 달할 정도로 성장했고, 조합원 수는 7명에서 90명으로 늘어났다. 1962년 버핏은 여러 개로 흩어져 있던 투자조합을 하나로 통합하고 지금의 헤지펀드처럼 최소 가입 조건을 2만 5천 달러로 정했다. 이즈음에 벌써 버핏의 개인 자금이 전체 펀드의 6분의 1 정도를 차지하게 되었다.

1956년부터 버핏은 본격적으로 펀드매니저의 길을 걷게 된다. 지금으로 보면 헤지펀드와 비슷했다. 펀드의 주주들은 매년 투자 금액에 대해 6%의 배당금을 받았으며 배당금을 제외하고 남은 수익금 중에서 75%를 가지고, 나머지 25%는 펀드를 운용하는 버핏의 몫이었다. 만약 펀드가 10%의 수익을 올렸다면 그는 이 수익 가운데 1%(=(10-6)×0.25)를 챙기게 된다. 20%면 3.5%를, 30% 수익이면 6%를 챙긴다. 이를 다른 일반적인 펀드(2% 관리 수수료와 20%의 성과 수수료)와 비교해보면, 다른 펀드는 10% 수익이 나면 3.6%를 가져가는 것에 비해 버핏은 훨씬 적게 1%를 가져갔다. 버핏 펀드는 10%의 수익 중 고객의 몫은 9%인 반면, 다른 펀드는 6.4%였다. 만일 펀드 수익이 5%라고 가정하면, 버핏 펀드의 투자자들은 5%를 모두 가져가게 되지만 다른 펀드들은 2.4%만 가져간다.

이후 13년 동안 버핏은 매년 평균 29.5의 수익률을 달성했다. 단 한 해도 손해 본 적이 없었으며, 펀드 설립 당시 그의 목표는 다우지수를 10%p 상회(1966년에는 펀드의 신규 유입도 막고 목표도 5%p로 조정했다. 다우지수를 5%p 상회하는 것과 자산의 가치를 매년 9% 성장시키는 것 중 더 큰 것으로 목표를 잡았다)하는 것이었는데, 같은 기간 다우지수는 배당 포함 연평균 7.38% 성장했다. 결과적으로 매년 평균적으로 22%p나 앞섰다.

버핏은 수수료로 챙긴 돈(버핏이 달성한 수익이 30%일 경우 매년 수익의 6%를 받았다)을 모두 자기가 운용하는 펀드에 재투자했다. 펀드 투자자들과 자신의 이해관계를 일치시킨 것이다. 이렇게 하자, 곧 버핏 자신이 버핏 파트너십에서 가장 많은 돈을 투자한 투자자가 되었다.

이렇듯 버핏이 첫 100만 달러를 번 방법은 지금의 헤지펀드 같은 펀드를 운용한 수수료를 통해서다. 어렸을 때부터 스스로의 힘으로 종잣돈 1억 원을 만들었고 그 1억 원을 가치투자를 이용해 복리로 굴려 5년 동안 매년 60%씩 18억 원으로 불려나갔다. 그리고 그렇게 자산을 키워 스스로의 실력을 증명하고, 그 명성으로 가까운 사람들의 돈을 모아 더 큰 규모의 파트너십을 여럿 만들었다. 그리고 그 돈을 다시 13년 동안 연평균 30%씩 복리로 불렸다. 수익의 25%만 가져가는 버핏의 파트너십은 나중에 고객의 돈을 거의 무이자로 가져와서 수익을 불려나가는, 버핏이 보기에 당시의 펀드 형태보다 더 나은 구조인 보험업으로 변신했다. 이것이 잘 알려진 섬유회사

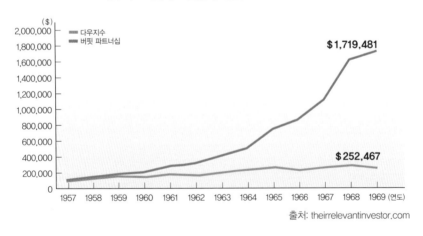

• 버핏 파트너십의 13년간 수익률(10만 달러 투자 시) •

출처: theirrelevantinvestor.com

버크셔 해서웨이다.

1969년, 버핏은 그가 관리하고 있던 펀드의 운용을 마감했다. 황금알을 낳는 거위의 배를 가른 이유는 당시 주식시장이 너무 투기로 흘러버렸고, 투자할 만한 회사를 찾기 힘들다고 판단했기 때문이다. 처음으로 시장이나 다른 펀드매니저들에게 실적에서 뒤처지자, 그는 심한 압박감을 느꼈다. 단기 실적 때문이 아니라 단기간의 하락을 이해하지 못하는 펀드의 투자자들 때문에 느끼는 압박감이었다. 펀드의 투자자가 늘어나면서 당연히 발생하는 문제였다. 2000년 IT 열풍 때도 버핏이 한물갔다고 했지만 꿋꿋이 건재함을 증명했고, 2008년 금융위기 때는 오히려 위기를 기회로 살렸던 버핏이었지만 지금과 달리 상대적으로 젊고 의욕이 충만했던 1969년의 젊은 버핏은 주주들과 갈등이 점점 심해지자, 결국 버핏 파트너십을 정리하는 편을 선택했다. 어쩌면 좋은 회사를 잠깐 보유했다가 팔고, 다시 또 다른 좋은 회사를 발굴해야 하는 투자자의 포지션에 대해 회의를 느꼈기 때문이 아닐까도 싶다. (최근 코로나19로 시장이 하락하고 있음에도 버핏이 아무 일도 하지 않아 버핏도 끝났다는 말이 다시 많지만, 아직은 좀 더 두고 볼 일이다. 물론 그냥 두고 보기엔 버핏의 나이가 염려되긴 하지만.)

"스스로를 곰곰이 분석한 결과, 아무리 최선의 노력을 다해도 내게 돈을 맡긴 사람들이 요구하는 목표를 달성하는 것은 불가능하다는 결론이 나왔습니다."

– 워런 버핏, 《버핏, 신화를 벗다》, 이콘

투자자들에게는 각자의 투자 비율대로 지분이 분배되었고, 그들 중 일부는 버핏의 추천으로 빌 루안이 새로 설립한 펀드로 이동했다. 그 펀드가 바로 유명한 세쿼이아 펀드다. 버핏은 컬럼비아 대학에서 벤저민 그레이엄의 증권분석 수업을 들으며 빌 루안을 처음 만났다. 버핏은 자신이 사고로 죽을 경우 부인과 아이들을 위해 자신의 자산을 맡아 운용해줄 3인을 지정해 두었는데, 빌 루안이 그중 한 사람일 정도로 버핏의 신뢰가 깊었다. 버핏의 투자자 일부를 흡수한 세쿼이아 펀드는 1971년부터 1997년까지 연평균 수익률 19.6%를 기록했다. 같은 기간 S&P500 수익률은 14.5%였으니, 꽤 훌륭한 선택이었다. 빌 루안에게 가지 않은 버핏을 포함한 다른 사람들은 분배받은 돈을 섬유 기업인 버크셔 해서웨이에 모두 투자했다. 버핏에게 배당된 펀드의 수익금은 2,500만 달러(현재 가치로 약 1,700억 원)나 되었으므로, 버핏이 버크셔 해서웨이의 경영권을 장악하기에 충분했다.

· 빌 루안의 세쿼이아 펀드 누적 수익률 ·

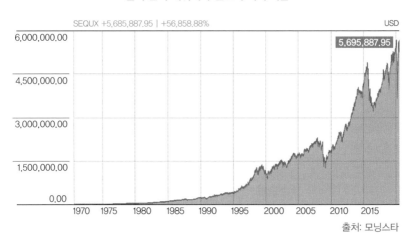

출처: 모닝스타

학습 기계

버핏은 하루의 시작과 끝을 책으로 시작해 책으로 마친다.

"나는 아침에 일어나 사무실에 나가면 자리에 앉아 책을 읽는다. 책을 읽은 다음, 8시간 일하고 책을 읽으며 잠을 청한다."

간과해선 안 되는 것이, 그는 일하는 8시간 동안에도 대부분 무언가를 읽는다는 점이다. 버핏이 사무실에서 하는 일의 80%는 무엇인가를 읽는 것이고, 대부분은 기업의 사업보고서다. 누구에겐 머리 아프고 지루한 일을 그는 매일매일 즐겁게, 하루의 대부분의 시간을 투자해서 하고 있다. 자발적으로 즐겁게 할 수 없다면 그런 종류의 일을 계속하기란 매우 힘들다. 버핏은 자신이 제일 좋아하는 일을 직업으로 가진 세상에서 몇 안 되는 사람 중 한 명이다.

버핏이 말한 대로, 그는 사무실에서 읽고 쓰고 말하고 듣되 업무 시간의 80% 이상을 읽고 생각하는 데 사용한다. 그러나 평범한 직장인은 사무실에서 읽고 쓰고 말하고 들되 업무 시간의 80% 이상을 쓰고 말하는 데 사용한다. 버핏의 파트너인 찰리 멍거에게 버핏이 투자자로 성공해서 부자가 될 수 있었던 공식을 이야기해달라고 하자 "가만히 앉아서 읽고, 아주 가끔 뭔가 액션을 취해서"라고 말했다. 워런 버핏이 직접 뽑은 투자 부문 후계자 테드 웨슬러는 인터뷰에서 "버핏처럼 지식에 목마르고 지적 호기심에 가득 차고 매사에 흥미를 가지고 언제나 무엇인가를 읽어야만, 5년 이후의 비즈니스를 예측할 수 있고 마침내 투자에 성공할 수 있을 것이다. 그는 10~12살부터 이 일을 시작했다"라고 말했다. 또 다른 투자 부문 후계자 토드 콤스도 버핏처럼 업무의 대부분은 무언가 읽는 데 보내는 독서광으로 유명하다. 바로 그 점 때문에 버핏의 선택을 받은 것인지도 모른다.

1951년, 스승의 선택을 받지 못해 고향으로 돌아온 버핏이 가장 먼저 한 일은 바로 무디스 매뉴얼(기업 소개 책자)을 처음부터 끝까지 하나도 빼놓지 않고 모두 읽는 것이었다. 책에 나와 있는 모든 기업의 정보를 읽고 흥미가 가는 모든 기업의 PER과 PBR 같은 수치들을 직접 계산했다. 그는 1만 페이지가 넘는 무디스 매뉴얼을 두 번이나 읽었다. 아흔 살인 지금도 하루의 대부분을 무언가 읽는 데 시간을 보낸다. 우리와 버핏의 가장 큰 차이점은, 그는 책을 정말로 즐겁게 읽는다는 점이다. 결코 필요에 의해 마지못해 억지로 읽는 것이 아니다. 그는 사업보고서를 읽고 기업의 재무제표를 분석해서 투자할 주식을 고르고 사업의 비즈니스 모델을 평가하는 일련의 어려운 과정들이 너무나 즐겁고 재미있어서, 아직도 일하러 회사에 들어설 때면 탭댄스를 춘다고 한다.

버핏은 왜 그토록 책에 집착할까? 돈과 마찬가지로 지식도 복리로 증가한다는 것을 어렸을 때부터 깨달았기 때문이다. 돈에 관심이 많았던 버핏은 앞에서 살펴본 것처럼 어렸을 때부터 숫자에 집착하고 돈을 모으는 데 열정을 쏟았다. 그의 돈에 대한 집착은 복리의 원리를 알았기 때문에 가능한 일이었다. 복리가 제대로 작동하기 위해서는 3가지 조건이 필요하다. 투자 금액이 많거나, 수익률이 높거나, 시간이 아주 길거나. 빨리 종잣돈을 마련해서 긴 시간을 복리로 굴리기 위해서는 무엇보다 일찍 시작해야 한다. 그리고 수익률을 높이기 위해서는 투자 지식을 늘려야 하는데, 가장 좋은 방법은 책을 읽는 것이다. 버핏은 어린 시절부터 책을 읽으면서 지식도 복리로 증가한다는 사실을 깨달았는데, 1949년에는 《현명한 투자자》라는 인생의 책을 만나면서 투자 지식이 기하급수적으로 증가했고 자산도 복리로 증가하게 되었다. 지식의 복리 메커니즘과 자산의 복리 메커니즘이 긍정적인 피드백을 서로 주고받음을 버핏은 경험으로 체득한 것이다.

책이나 언론을 통해서 접한 최고의 예술가, 최고의 사업가, 최고의 투자자의 공통점을 하나만 꼽으라면 바로 독서 습관이다. 각 분야 최고의 사람들 중에서도 특히 워런 버핏은 분야를 가리지 않는 독서량으로 첫 손가락에 꼽힌다. 찰리 멍거는 이렇게 말했다. "내가 평생 동안 만나본 다양한 업계의 똑똑한 사람들 중 매일 책을 읽지 않는 사람이 없었다. 워런 버핏이 얼마나 많은 책을 읽는지, 내가 얼마나 많은 책을 읽는지 안다면 아마 놀랄 것이다. 내 아이들은 나더러 두 발 달린 책이라고 놀린다." 일반인들도 새로운 분야에 뛰어들 때는 반드시 책을 먼저 읽어야 한다. 투자를 시작하기 위해서는 필수적이다. 책의 말미에 투자를 하기 전에 읽으면 좋을 만한 추천 도서 리스트를 정리해두었다. 1천만 원을 투자하겠다고 마음먹은 사람이라면 최소한 1,000시간을 들여 투자에 대한 공부를 해야 한다. 하루에 5시간을 공부할 수 있다고 가정하면 200일이 걸린다. 주말에 조금 더 공부한다면, 최소한 6개월은 자신이 투자하려는 곳에 대한 책을 읽고 공부해야 한다는 말이다. 이것은 투자의 충분조건이 아니라 필요조건이다. 워런 버핏이 시간에 쫓기는 바쁜 직장인들은 직접 투자하기보다 인덱스에 투자하라고 한 충고가 그냥 나온 얘기가 아니다.

- 워런 버핏은 하루에 평균 500~1,000페이지를 읽는다. 하루의 80%를 읽는데 쓴다.

- 마이크로소프트를 설립한 빌 게이츠는 매주 1권꼴로 1년에 약 50권의 책을 읽는다.

- 엘론 머스크는 왕성한 독서가다. 새로운 산업에 대한 정보를 책에서 얻는다. 스페이스X와 관련된 로켓에 대한 정보, 테슬라와 관련된 전기차에 대한 정보는 대부분 책에서 얻었다.

- 페이스북의 마크 저커버그는 2주에 1권씩 책을 읽는다.

- 스티브 잡스는 초등학교때 선생님으로부터 "뛰어난 독서가이지만 독서를 하느라 너무 많은 시간을 허비한다"는 말을 들었다.

- 백남준은 유럽에 유학 가서, 이미 한국에서 다 배웠기 때문에 여기서 더 배울 것이 없다고 했다. 그게 가능했던 이유는 1945년 경기중학교에 다닐 때, 집에 있던 일본판 '세계문학전집'이나 '세계사상전집' 등을 모두 읽었기 때문이다.

- 피카소는 "좋은 예술가는 그대로 따라 하지만, 위대한 예술가는 훔친다"라고 말했다. 열정뿐만 아니라 광범위한 독서를 통한 지식 습득이 중요하다고 했다.

집중투자

"분산투자가 부를 지킬지는 모르지만, 부를 쌓는 것은 집중이다."

– 워런 버핏

1951년 버핏의 수익률은 75.8%로, 다우지수의 21.3%를 크게 뛰어넘었다. 《워런 버핏 평전》을 쓴 앤드류 킬패트릭은 책에 1950년과 1951년의 버핏의 포트폴리오를 자세히 분석해놓았는데, 책에 의하면 그 시기에 버핏은 분산투자가 아닌 집중투자에 전념했다. 나중에 살펴보겠지만, 현재 2020년에도 버핏의 포트폴리오를 분석해보면 상위 5개 기업이 전체 포트폴리오의 70% 비중을 차지하는 집중투자를 하고 있다.

버핏은 "내 투자 일기의 첫 페이지는 1950년이었습니다. 나는 주식 하나에 집중하고 있었습니다"라고 말했다. 1950년, 학생 신분이었던 버핏은 스승 벤저민 그레이엄이 회장으로 있는 회사라는 이유만으로 아무런 약속 없이 회사로 직접 찾아갔다. 당시 재무 담당 부사장인 로리머 데이비드슨을 만나 이야기를 나눈 후, 가이코라는 자동차 보험 회사와 보험업에 눈을 뜨게 된다. 기업에 대한 확신을 갖게 된 그는 당시 개인 자산의 4분의 3에 해당되는 주식들을 모두 팔아 가이코 주식 350주를 샀다. 당시 가이코는 성장률을 높게 평가받아 PER 8 정도 수준을 유지하고 있었다. 당시 버핏 기준으로는 상당한 고평가 주식임에도 불구하고 집중적으로 매수했다. 1951년에도 불어난 총자산의 거의 53%를 가이코 단일 종목에 투자했다. 이 시기, 포트폴리오 상위 5개의 비중이 전체 포트폴리오의 97%에 달했다. 이후 15개월 동안 가이코의 주가는 100% 이상 올랐다.

1951년, 버핏의 레이더에 웨스턴 인슈어런스가 포착되었다. 앞서 말했듯, 학교를 졸업하고 고향으로 돌아가 무디스 매뉴얼을 처음부터 끝까지 읽으면서 발굴한 주식이었다. 웨스턴 인슈어런스 회사의 EPS가 29.09달러였는데 주가는 16달러로, 한 해에 벌어들인 이익보다도 주가가 낮아 PER 1배도 되지 않았다. 버핏은 즉시 가이코 주식을 모두 정리해서 순자산의 50%를 웨스턴 인슈어런스에 투자했다. 버핏은 어떤 확신이 있었기에 이런 집중투자가 가능했을까? 그가 웨스턴 인슈어런스에 투자한 과정을 살펴보면 단서를 얻을 수 있다.

먼저, 회사의 탁월한 과거 실적이 기업과 경영진의 경쟁력 덕분이라고 가정한다. 그리고 재무제표 분석과 주변의 사실 탐문을 통해 자신이 세운 가설이 맞는지 하나씩 검증해본다. 경쟁 기업들을 조사해서 자신이 놓치고 있는 사각지대가 있는지, 있다면 무엇인지, 자신이 알고 있는 것과 비교해서 역시 차례대로 검증해본다. 모든 가설의 검증을 마치고 회사가 그 기준을 통과했다면, 그제야 확신을 가지고 투자에 임한다. 확신이 강할수록 투자 규모는 비례하게 되므로 자연스럽게 집중투자를 하게 된다. 마지막으로 자신의 가설과 생각 그리고 행동을 투자 일지에 적어놓고 매수 후에도 정기적으로 피드백한다. 마치 자연과학자가 가설을 세우고 검증하는 것과 같은 방식으로 집요하게 기업에 대해 파고드는 것이다. 버핏은 어렸을 때부터 삶이나 인간관계에서도 이런 방식으로 자신이 세운 몇 가지 가설을 검증하고, 자신의 시험을 통과한 가설만 받아들였다.

투자에 대한 책을 펼쳐보면 거의 대부분 분산투자를 강조한다. 달걀을 한 바구니에 담지 말라고 말한다. 당연해 보이는 말이지만, 심층적인 조사를 통해 100%에 가까운 확신이 드는 회사를 찾았는데 분산투자를 해야 한다는 의무감에 10%밖에 담지 못한다면 그게 과연 옳은 것일까? 1억 원 미만의 투자자라면 과다한 분산투자보다 초기의 버핏처럼 많은 공부와 분석을 바탕으로 확신이 드는 기업에 집중투자 하는 게 바람직하다. 만일 버핏과 같은 좋은 투자 과정을 행할 시간과 에너지가 없다면, 그저 버핏의 수익률을 꿈꾸기만 하고 막연히 잘될 거라는 생각으로 투자해서는 절대로 안 된다. 공부를 통한 확신이 없다면 결코 버핏과 같은 집중투자는 불가능하다. 공부와 집중은 함께 따라다니며, 집중 없이는 결코 부를 쌓을 수 없다.

투자자와 사업가

"뛰어난 투자자가 되는 방법을 알면 당신은 뛰어난 경영자가 될 수 있다.
그 반대 역시 마찬가지다."

– 찰리 멍거

버핏은 투자자로 커리어를 쌓기 시작했지만, 사업가의 역할에 더 재미를 느낀 것 같다. 사업과 투자를 병행함으로써 사업에 대한 경험이 투자자인 그에게 도움이 되었고, 투자 경험 역시 그를 더 나은 사업가로 만들었다. 분명 그는 두 분야 모두에서 탁월한 실적을 올린 흔치 않은 인물이다. 학습 기계인 워런 버핏은 투자자의 길은 그레이엄에게, 사업가의 길은 멍거에게 주로 배웠다. 양쪽 포지션은 서로 다른 목표를 추구하고 있기 때문에, 한쪽의 경험이 다른 한쪽에 적용되어 귀중한 교훈을 얻게 해준다. 일부 진리는 말이나 글이 아닌 경험에 의해서만 완전하게 배울 수 있는데, 우리 같은 개인 투자자들은 버핏이 경험한 사업가의 경험을 할 수가 없다. 글이나 말은 배울수 있지만, 행간의 의미와 맥락은 복제할 수 없는 것이다. 투자자와 사업가 양쪽에서 훌륭한 리더십과 성과를 내고 있는 버핏은 금융 세계에서 일종의 돌연변이다. 돌연변이는 그대로 따라 한다고 할 수 있는 일이 아니다.

버핏 파트너십에서 처음으로 대규모 지분투자에 나선 기업은 샌본 맵이라는 지도 회사였다. 버핏이 분석한 결과 주당 65달러의 현금과 투자자산이 있었는데, 당시 거래되는 주식 가격은 45달러였다. 그레이엄에게 배운대로 순자산가치보다 싼 저평가 회사였다. 1958년, 버핏은 최대한 주식을 사들여서 마침내 43%의 지분을 확보한 대주주가 되어 이사회까지 진출한다. 이사로서 회사 측에 순자산가치인 주당 65달러에 주식을 사 갈 것을 요구했고, 비교적 짧은 기간에 44%가 넘는 수익을 올리고 빠져나왔다.

샌본 맵의 성공을 바탕으로, 역시 순자산가치보다 싼 가격에 거래되고 있던 농기구 제조회사 뎀스터 밀 매뉴팩처링에도 같은 방법을 적용했다. 대규모 매수 후 이사회에 진출하고 회사에 자사주 매입을 요구해서 성공적으로 빠져나온 것이다. 이미 그때부터 버핏은 싼 주식을 매수해서 오를 때까지 마냥 기다리는 방식의 투자만 한 것은 아니었다. 직접 이사회에 들어갈 정도의 지분을 확보해서 회사 정책을 변경하는 영향력을 행사했던 것이다. 지금의 워런 버핏은 더 말할 것도 없다.

만약 일반 투자자들이 버핏의 투자법을 제대로 이해하고 복제하려면 개인 투자자나 초창기 펀드매니저였을 때의 버핏을 공부해야 한다. 하지만 이때의 버핏에 대해 알려주는 자료들이 너무 귀하기도 하고, 당시 젊은 버핏은 이미 자기만의 사업을 하면서 사업가의 포지션을 가지고 있었던 또다른 돌연변이였다. 결국 버핏은 배운다고 복제할 수 있는 사람이 아니라는 게 나의 결론이다.

기업을 운영하는 사업가로서도 성공을 거둔 버핏은 곧바로 자신과 같은 성공 경험을 가진 다른 경영자들을 찾아 나섰다. 사업으로 성공해 회사에 많은 잉여현금을 가지고 있고 앞으로도 계속해서 잉여현금을 창출할 수 있지만, 그 잉여현금을 경영자가 제대로 활용하지 못하고 있는 사업을 인수하는 전략이다. 사업의 경영은 전적으로 경영자에게 맡기지만, 사업이 창출하는 잉여현금은 경쟁력을 유지하기 위해 사업에 재투자하는 부분을 제외하고는 모두 본사인 버크셔 해서웨이로 보내게 해서 경영자들이 못하는 자본 배치를 본사에서 자신이 직접 하는 것이다. 버크셔 해서웨이의 확장 전략은 철저하게 워런 버핏이 사업가와 투자자 포지션 양쪽 모두에서 얻은 통찰력을 바탕으로 이루어지고 있다.

버핏의 3가지 투자 방법

워런 버핏을 알고 가치투자에 대한 공부를 시작한 초창기에 버핏에 관한 책을 읽고 가치투자 공부를 하면서 내가 품은 의문점은 크게 2가지였다. 첫째, 워런 버핏은 어떻게 했길래 시장이 하락하는 해에도 시장을 이기면서 수익률이 플러스일 수 있었을까? 둘째, 버핏을 포함한 일련의 가치투자자 그룹이 혹시라도 기업에 대한 정보를 함께 공유하면서 투자하는 '같이투자'를 한 것은 아니었을까? 두 번째 의문에 대한 답은 1984년 컬럼비아 대학교에서 《증권 분석》 발간 50주년 기념식 때 버핏이 직접 강연한 '그레이엄-도드 마을의 탁월한 투자자들*'에 잘 나와 있다. 인터넷을 검색해도 쉽게 찾을 수 있으니 꼭 찾아서 전문을 읽어보길 권한다. 하지만 첫 번째 의문에 대한 답은 아무리 책을 뒤져봐도 설명해주는 책이 없었다. 내가 이 사실을 깨달

---

* 최근 재출간된 《현명한 투자자》 개정 4판의 부록에도 실려 있다.

고 한참 지나서야 나온 《워런 버핏, 부의 기본 원칙》이라는 책이 그나마 그 이유에 대해 제대로 설명해주고 있을 뿐이다.

그 첫 번째 궁금증에 대해 내가 깨달은 답이 있다. 이 답도 버핏이 1961년 직접 쓴 주주 서한에서 친절하게 설명하고 있었다. 버핏은 스승인 그레이엄처럼 오래전부터 자신의 투자 철학을 아낌없이 후학에게 나눠주고 있었다. 다만 우리가 제대로 발견하고 알아채지 못했을 뿐이다.

버핏은 자신의 투자 포트폴리오를 크게 3가지 그룹으로 나누었다.

1. **일반 그룹: 싸게 매수한 저평가된 기업**

   기업 정책에 대해서는 말할 것도 없고 언제 저평가가 해소될지도 알 수 없는 저평가주식으로, 포트폴리오에서 비중이 가장 크다. 5~6개의 주식에 각각 총자산의 5~10%를 투자하고 10~15개의 작은 포지션으로 들어가 있는 주식들도 있다.

2. **워크아웃 그룹: 배당, 자사주 매입, 청산, M&A 등**

   기업 정책을 고려해서 진입한 주식으로, 시간이 정해져 있어서 대체로 예측 가능하다. 서로 다른 단계의 10~15개의 주식을 가지고 있으며, 포트폴리오의 캐시카우 역할을 한다. 거의 수익이 고정되어 있어서 주식시장 전체가 하락할 때 이 그룹이 버팀목 역할을 한다. 이자를 제외하고 10~20%의 고정된 수익을 기대하기 때문에 순자산의 25%까지 레버리지를 쓸 수 있다. 버핏은 확실한 수익이 보장된 투자에는 레버리지를 이용해 수익을 극대화했다.

3. **기업 지배 그룹: 지배 주주로 들어가서 직접 경영 방식을 바꾸거나 경영권을 획득**

앞에서 예를 든 샌본 맵처럼, 소유권을 대량으로 확보해서 회사 정책에 직접적으로 영향력을 행사한다. 일반 그룹으로 보유하고 있다가 장기간 낮은 가격에 머물러 있을 경우에 기업 지배 그룹으로 바꿀 수 있다. 직접 지배주주로 들어가서 회사를 개선하는 방식이므로, 수익률은 몇 년에 걸쳐 실현되어 당해 다우지수와의 연관성이 비교적 적은 편이다.

일반 주식투자자들은 버핏의 투자 방법을 이야기할 때 1번의 저평가된 주식을 매수하는 방법이 전부인 줄 알고 있지만, 초기와 중기에 버핏 펀드의 안정적인 수익률은 2번의 워크아웃 그룹에서 얻은 것이었다. 내 첫 번째 궁금증에 대한 답이다.

• 버핏 파트너십 그룹별 수익률(1962~1964년) •

연도	일반 그룹	워크아웃 그룹	다우지수
1962	-1.0%	14.6%	-8.6%
1963	20.5%	30.6%	18.4%
1964	27.8%	10.3%	16.7%

출처: 워런 버핏, 주주서한(1965년)

1962년, 시장 수익률이 마이너스일 때 버핏의 주식수익률도 마이너스였지만 전체 포트폴리오의 수익률이 플러스일 수 있었던 것은 위의 표에서 볼 수 있는 것처럼 워크아웃 그룹 덕분이었다. 시장이 전체적으로 많이 올라 일반 그룹의 싼 주식을 찾기가 어려워지면, 버핏은 가격이 올라 비싸진 일반 그룹의 비중을 축소하고 워크아웃 그룹의 비중을 조금씩 늘려가면서 포트폴리오를 리밸런싱했다. 그리고 워크아웃 그룹에 편입할 만한 기업들의 이벤트를 찾기 어려워지면, 포트폴리오의 일반 그룹에 속해 있으면서 계속해서 낮은 가격에 머물러 있는 기업의 주식 비중을 점점 늘려서 이사회에 들어갈 정도의 지분을 확보하는 기업 지배 그룹으로 전환한 것이다.

따라서 버핏은 처음부터 투자 방법을 3가지로 나누고 투자를 시작한 것이 아니라, 그레이엄에게서 배운 1번과 2번을 염두에 두고 투자하다가 투자 규모가 커지면서 자연스럽게 3번으로 투자 영역을 확장하고 투자 방법을 진화시킨 셈이다.

1964년부터 버핏은 개인 투자자들이 가장 눈여겨보면서 벤치마크해야 할 1번 일반 그룹을 다시 2개로 나눈다. 하나는 기존의 일반 그룹으로, 싼 가격에 구매한 저평가된 기업이다. 정량적인 기준의 제1조건은 무엇보다 싼 가격이다. 그리고 나머지 하나는 무조건 싼 기업이라기보다는 다른 일반 주식에 비해 상대적으로 저렴한 가격의 주식이다. 싼 가격보다는 적당히 싼 가격이라고 구분할 수 있겠다. 이 당시 펀드 규모가 커지고 저평가된 투자 기회가 조금씩 줄어들면서, 고육지책으로 규모가 큰 기업들에 투자를 시작하면서 새로 추가한 것으로 판단된다. 예를 들면 동종업계의 비슷한 종목이 PER 20 정도의 가격으로 거래되고 있을 때, PER 12 정도에 거래되는 괜찮은 기업을 사는 전략이다. 물론 PER 10 이하로 떨어질 리스크가 있긴 하지만, 상방으로 올라갈 가능성을 더 높게 보는 전략이다.

일반 그룹과 워크아웃 그룹은 펀드의 규모가 커질수록 불리하다고 봤고, 기업 지배 그룹의 경우에는 규모가 클수록 영향력을 더 많이 행사할 수 있으므로 유리하다고 봤다. 따라서 펀드가 복리로 증가할수록 자연스럽게 기업 지배 그룹의 규모가 점점 더 커지리라고 예상했다. 1962년부터 구매하

구분	비중	수익률
기업 지배 그룹	34.9%	9.08%
일반 그룹 1	2.7%	73.89%
일반 그룹 2	44.2%	23.46%
워크아웃 그룹	15.5%	22.36%
채권 및 기타	2.7%	−1.38%
합계	100.0%	18.98%
다우지수		−15.60%

기 시작한 버크셔 해서웨이도 1965년 무렵에는 기업 지배 그룹으로 들어왔다. 펀드의 목표는 시장인 다우지수를 10%p 넘어서는 것으로 잡았는데, 일반적으로 다우지수가 연 5~7% 수익이라면 버핏 펀드는 15~17%가 목표가 되는 것이다. 반대로 다우가 35~40% 하락한다면 펀드 목표는 15~20% 정도만 하락하는 것이다. 큰 이슈가 없는 한 포트폴리오는 5년 정도의 기간을 두고 유지하고, 최소한 3년 정도 시장에 뒤처지더라도 크게 개의치 않았다. 1966년 버핏의 포트폴리오를 보면, 각 그룹들의 비중 변화를 한눈에 볼 수 있다. 기업 지배 그룹과 일반 그룹 2(상대 저평가 그룹)의 비중이 전체 포트폴리오의 80% 가까이 차지한 것이다. 수익률은 저평가된 일반 그룹 1이 가장 높았지만 대체로 포트폴리오 전체 수익률의 변동성은 큰 편이었다. 워크아웃 그룹에서 좋은 딜이 끝났다면 그 수익률이 높게 뛰어오르는 식이었다.

버핏의 이런 투자 방법은 당연히 그의 스승 벤저민 그레이엄에게서 배운 것이다. 그레이엄의 책《현명한 투자자》를 보면 1939~1956년에 그의 투자조합 그레이엄-뉴먼이 사용했던 공격적 투자 기법에 대해 자세히 설명하고 있다. 그는 크게 4가지로 구분했다.

1. **차익거래:** 기업 개편, 합병 등의 계획에 따라 한 종목을 매수하고 다른 종목을 매도
2. **청산:** 자산을 매각하여 주주에게 현금 지급 예정인 주식 매수
3. **순수 헤지:** 전환사채나 전환우선주를 매수하고 보통주를 매도하는 거래
4. **염가 종목:** 주가가 순유동자산가치에도 못 미치는 염가 종목 매수. 100개 이상 종목에 분산투자

마지막의 염가 종목 투자가 버핏의 1번 일반 투자에 속하고 차익거래, 청산, 순수 헤지가 2번 워크아웃 그룹에 속한다. 버핏이 1954~1956년 그레이엄-뉴먼에서 함께 일했던 것을 생각하면 당연한 결과다. 그는 스승의 가르침을 바탕으로 자신만의 방법을 만들어갔다. 버핏의 일반 그룹과 워크아웃 그룹의 비중 조절은 그레이엄이 방어적인 투자 기법으로 추천했던 주식 50%, 채권 50%를 자신만의 스타일로 변용한 것으로 보인다. 자신만의 방식으로 스승의 장점을 취해 자신의 투자법으로 발전시킨 것이다. 우리가 버핏의 투자 방법에서 가장 관심을 가져야 할 것은 저평가되고 싼 주식을 구매하는 일반그룹의 집중 투자 방법이고, 그다음은 자산 배분 전략이다. 초기 버핏을 통해 이 방법을 깊이 있게 분석해서 지금 시대에 맞는 자신만의 방법을 찾아야 한다.

머스트자산운용의 스팩투자

10년 동안 연평균 26%의 수익률을 달성한 김두용 대표가 이끄는 머스트자산운용의 수익 모델 중 가장 중요한 부분 중 하나가 스팩SPAC; Special Purpose Acquisition Company*투자다. 하나금융과 함께 하나머스트스팩을 1호부터 6호까지 만들어서 좋은 기업을 성공적으로 인수합병 후 일종의 우회상장으로 수익을 가져가는 방식이었다. 지금처럼 머스트자산운용이 직접 스팩을 만들기 전에는 2011년부터 여러 증권사들의 스팩주식을 공모가 이하로 대량 매입하여(장중 공모가 이하로 스팩주식을 매입할 경우, 이후 청산이나 합병 반대 매수청구권을 통해 충분한 수익을 기대할 수 있는 투자 기법) 재미를 봤었다. 현재는 하나머스트 6호 스팩(75억 원 규모), 삼성과 함께 한 삼성머스트스팩 3호가 상장되어 있다. 하나머스트 2호는 셀바스헬스케어, 4호는 로보로보, 5호 스팩은 미래생명자원과 합병했다. 하나머스트 6호는 원더스홀딩스와 합병한다는 기대감에 한때 급등하기도 했지만, 아직 결정된 것은 없는 상태다.

개인적으로 뛰어난 수익률을 자랑하는 머스트자산운용을 모니터링하면서 머스트의 스팩투자를 워런 버핏의 워크아웃 투자로 생각했는데, 나중에 읽은 김두용 대표의 인터뷰를 통해 내 예상이 맞았음을 확인할 수 있었다. 머스트자산운용은 101026&0이란 목표(10년에 10배, 26% 이상 수익률 그리고 마이너스 제로)를 2019년에 달성했다. 마이너스가 제로인 것은 버핏처럼 무

---

* 주식의 공모를 통해 조달한 자금으로 다른 기업을 인수합병(M&A)하는 것이 유일한 목적인 페이퍼 컴퍼니로, 일반적으로 3년 이내 합병할 기업을 찾지 못하면 상장폐지된다.

엇인가 자신만의 우위가 있었기 때문이라고 생각했는데, 그것이 스팩투자였다.

김두용 대표의 말을 직접 옮겨보면 언더밸류 기업과 워크아웃 기업에 투자한다는 말이 나온다. "언더밸류는 저평가된 기업이다. 워크아웃은 부실기업을 워크아웃하는 것이 아니라 일종의 차익거래를 의미한다. 버핏은 '정말 살 것이 없을 때 나만의 차익거래로 수익을 내는 기회를 만들었다'고 했다. 우리의 스팩투자도 그렇게 보면 된다." 김두용 대표 역시 워런 버핏의 초기 투자 방법을 깊이 있게 공부해서 자신만의 독창적인 방법을 찾은 것이다.

자기만의 독창적인 방법을 찾아라

"특정 투자 유형이나 스타일만 고집해서는
주식으로 탁월한 이익을 거둘 수 없다.
사실을 세심하게 평가하고 끊임없이 훈련을 쌓아야만 가능하다."

– 워런 버핏

버핏이 본격적으로 주식투자에 뛰어들어 자산을 축적했던 1949~1969년은 주식시장의 밸류에이션이 낮은 상태(PER 9.07)에서 20년간 꾸준히 상승했

• S&P500 지수와 밸류에이션(1900~2019년) •

※ CAPE 10 = 10년 이익으로 조정된 PER

출처: RIA(REAL INVESTMENT ADVICE)

던 대세 상승 구간이다. 앞서 언급했듯 1969년 시장이 고평가(PER 23.7)됐다고 판단한 버핏은 펀드를 청산하고 투자자들에게 돈을 모두 돌려줬다.

워런 버핏이 자란 시대와 지금은 완전히 다르다. 그리고 미국과 우리나라는 시간만큼이나 공간적으로도 전혀 다른 환경이다. 공간과 시간이 다른 곳에서 성공한 사례를 배워 그대로 따라 하기만 하면 결코 성공하지 못한다. 그래서 버핏 같은 성공한 투자자가 되기 위해서는 그가 성공할 수 있었던 이유를 제대로 공부하고 분석해서 우리나라와 현재 시대에 맞는 자신만의 투자법을 만들어야 한다. 버핏 역시 벤저민 그레이엄과 필립 피셔라는 앞선 시대에 활약했던 거인들의 어깨 위에 올라타긴 했지만, 결국에는 자신의 독창적인 가치투자 방법을 찾았다. 우리도 달라진 시대의 환경 변화에 따라 지속적으로 가치투자 방법을 업그레이드해야 함을 잊지 말아야 한다.

· 워런 버핏의 시기별 시장 대비 수익률 ·

구분	연도	수익률	시장(S&P500)	초과수익
개인 투자자	1950~1956	61.50%	22.35%	39.15%
펀드매니저	1957~1969	29.50%	8.92%	20.58%
경영자	1970~현재	19.65%	10.51%	9.14%

워런 버핏의 투자법은 시대에 따라 크게 3가지로 나눌 수 있다. 초기에 버핏은 회사의 사업 모델이 좋든 나쁘든 상관없이 무조건 싼 가격의 회사만 사는 담배꽁초형 투자를 했다. 이때는 스승인 벤저민 그레이엄의 가르침대로 순유동자산의 3분의 2 이하로 거래되는 회사만 찾아 구매하기만 해도 되는 시기였다. 믿기지 않겠지만 PER 2 이하 기업들이 수두룩했던 시

절이니 가능했던 이야기다. 우리나라도 2000년대 초반에 비슷한 상황이었고, 뒤에서 살펴보겠지만 버핏은 그것을 놓치지 않았다. 중요한 것은 오로지 가격이다. 하지만 그는 스승과 달리 가격이 장기간 움직이지 않으면 직접 경영권을 확보하는 행동주의 투자도 불사했다. 여기까지가 개인 투자자와 펀드매니저 시기인 워런 버핏의 가치투자 1.0 시절이다.

그 후 기관 투자자를 위시해 투자자들끼리 경쟁도 치열해지고 싼 회사들도 줄어들며 TV의 광범위한 보급과 같은 소비 환경 변화와 맞물리게 되자, 버핏은 필립 피셔와 찰리 멍거의 철학을 받아들이면서 싸든 비싸든 비지니스 모델이 좋은 회사를 선택했다. 그야말로 '좋은 기업을 적당한 가격에' 사는 시대였다. 물론 버핏의 입장(계산)에서는 좋은 기업을 여전히 싼 가격에 샀을 수도 있다. 우리 눈에 비싸 보이는(고PER, 고PBR) 회사들도 버핏의 계산으로는 싸게 보일 수 있으니까 말이다.

중요한 것은 무엇보다 비즈니스 모델과 회사의 품질이다. 규모의 경제*를 이해하고, 이런 환경에서 TV 광고를 할 수 있는 확실한 브랜드를 가지고 있는 기업에 집중했다. 확실한 돈은 그레이엄에게 배운 양적 분석에 의해 만들어지지만, 정말로 큰 돈은 질적 분석에 의해 만들어진다는 것을 시즈캔디**를 통해 경험적으로 깨달은 버핏은 확률이 높은 통찰력을 바탕으로 한 기업의 질적 분석에 더 집중하게 된다. 현재 우리에게 익숙한 대부분의 책들이 이야기하고 있는 버핏의 가치투자 2.0 시절이다. 펀드매니저 시절의

---

* 공장을 예로 들면 생산 규모가 확대되면서 생산물 단위당 비용이 줄어드는 효과를 말한다. 규모의 경제가 나타나는 시장에서 독점 현상이 발생하기 쉽다.

** 버핏이 1972년 장부가의 3배 이상을 지불하고 인수한 사탕 제조기업. 무형자산인 브랜드의 가치를 깨닫게 된 첫 사례였다.

일부와 버크셔 해서웨이의 경영자 시절이다.

구글과 아마존을 미처 알아채지 못했다고 이야기하고 애플에 많은 돈을 투자하는 지금은 버핏의 가치투자 3.0 시절이라고 할 수 있다. 워런 버핏은 가치투자 1.0 시절의 '유형자산'에서 가치투자 2.0 시절의 경제적 해자라고 통칭되는 '브랜드와 같은 무형자산', 그리고 현재 3.0 시절의 '플랫폼과 생태계와 같은 또 다른 무형자산'으로 가치투자의 범위를 업그레이드하고 있다. 이를 두고 투자업계에서는 그게 과연 좋은 것인지, 과연 싼 것인지에 대한 논란이 동시에 일어나고 있다. 버핏의 이런 태도 변화를 두고, 심지어 가치투자는 죽었다는 말까지 나오고 있다. 버핏의 나이와 투자 타임테이블로 봐서 아마도 결과는 버핏의 사후에나 판가름 나겠지만, '애플의 주식을 가격이 고점에서 많이 빠질수록 더 살 것인가'라고 질문한다면 아마도 '그렇다'일 것이다. 버핏은 여전히 좋으면서 싼 기업, 훌륭한 기업이면서 적당한 가격을 가진 기업의 주식을 사는 가치투자를 하고 있기 때문이다.

우리가 흔히 저지르는 실수는 과거의 워런 버핏을 배우기보다는 지금의 워런 버핏을 배우려고 하는 것이다. 마찬가지로 버핏이 구매한 회사들도 과거 버핏이 구매할 때의 가격과 가치를 보고 공부하고 배워야 하는데, 자기가 알게 된 시점에서야 버핏이 구매했다고 그 시점의 기업을 공부하고 따라 사는 것이다. 뒤에서 자세히 분석하겠지만 버핏이 애플을 구매할 때가 2016년이었고, 그때 회사의 밸류에이션과 지금 애플의 밸류에이션은 결코 같지 않다. 물리적으로는 같은 회사이지만, 같은 회사가 아닌 다른 가격표를 가진 회사다.

좋고 나쁜 기업을 가려낼 수 있는 비즈니스 모델을 이야기하는 책이나, 가격이 싼지를 가려낼 수 있는 밸류에이션을 가르치는 책들은 대부분 기업들의 과거를 바탕으로 이야기하고 있다. 흔히 말하는 백미러다. 따라서 그런 것은 책을 통해 어렵지 않게 배울 수 있다. 중요한 것은 그런 지식을 바탕으로 기업의 미래 비즈니스 모델과 미래의 밸류에이션을 그려보고 평가하는 것이다. 전 아이스하키 선수 웨인 그레츠키의 말대로, 퍽이 지금 있는 곳이 아니라 퍽이 가야 할 곳으로 움직여야 한다. 여기에는 많은 가정과 기업 환경 변화를 포함하고 있기 때문에, 과거의 좋고 싼 기업을 발굴하는 것보다 훨씬 어렵고 힘들다. 모두 다 버핏을 꿈꾸면서 투자를 시작하지만 버핏이 될 수 없는 가장 큰 이유는 바로 여기에 있다. 버핏은 자신의 경험과 통찰력을 바탕으로 비교적 정확하게 5~10년 너머를 예측할 수 있지만, 나와 같은 일반인들은 1~2년을 예측하기도 힘들다. 국내외 훌륭한 투자자들도 3~5년을 예측하기 힘들어한다.

금융위기 이후 버핏의 수익률을 S&P500과 비교해보면 비교적 10년 이상 정확하게 내다보는 천하의 버핏도 현재 투자에서 어려움을 겪고 있음을 알 수 있다. 전 세계에서 주식투자를 제일 잘하는 버핏이지만, 투자 규모가 커져서일 수도 있고, 정보가 공평하게 널리 분포되어서일 수도 있고, 수많은 똑똑한 경쟁자들이 많이 생겨서일 수도 있다. 이유가 무엇이든 최근 12년의 수익률은 과거 평균 20%보다 훨씬 낮은 9% 수준으로 떨어져 시장을 겨우 따라가는 정도에 머물고 있다. 코로나19 후의 부진한 실적을 감안해보면 아마도 올해는 시장보다 못한 성적을 보일 수도 있을 것으로 보인다. 이를 과거와 비교해보면 더욱 확실해진다.

• 버크셔 해서웨이의 시장 대비 초과 수익률 •

구분	최근 10년	최근 20년	최근 30년	1965년 이후
시장 대비 초과수익	-1.5%	+3.4%	+5.3%	+9.1%

시장을 꾸준히 이긴다는 것은 이렇게 어려운 일이다. 하물며 버핏보다 모든 면에서 준비가 부족한 개인 투자자가 시장을 꾸준히 이길 수 있다는 막연한 자신감을 가지고 있다면 만용에 가깝다. 주식투자는 정말 어렵다는 것을 인정하고, 워런 버핏을 꿈꾸면서 막연히 책 몇 권 읽고 버핏처럼 따라 하기만 하면 높은 수익을 가져갈 수 있다는 생각은 이제 그만 내려놓길 바란다.

끊임없이 자신의 한계를 극복하고 새로운 투자 방법을 찾고 있는 버핏처럼 투자자로 성공하기 위해서는 1) 일찍 종잣돈을 모으고, 2) 끊임없이 읽고, 배우고, 공부하고, 3) 집중투자로 경험을 쌓아 복리로 재산을 불려나가면서, 4) 자신만의 독창적인 투자 방법을 찾아내야 한다. 4가지를 하나도 빠짐없이 이룬 사람에게만 버핏과 같은 성공이 함께할 것이다.

특히 코로나19로 과거와는 완전히 달라진 기업 환경과 투자 환경을 맞이한 지금, 버핏과는 또 다른 새로운 투자 방법이 필요하다. 대가의 투자 방법은 그 시대와 사람에게 맞는 투자 방법이었음을 명심하고, 현재 자신에게 맞는 새로운 투자 방법을 찾아야 한다. 하지만 여전히 잊지 말아야 할 것은 초기 버핏이 기업을 바라본 방식, 기업의 가치를 계산한 방법, 벤저민 그레이엄에게 배운 정량적으로 기업을 고르는 방법과 같은 가치투자의 기본적인 지식이다. 다음 장에서 구체적으로 가치투자의 기본이 되고 궁극적으로 워런 버핏에게 배워야 하는 기업 가치평가에 대해 알아보자.

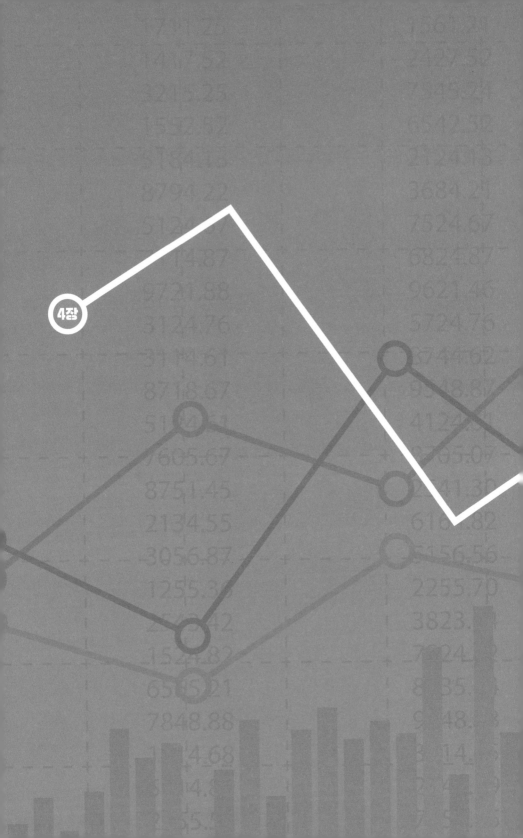

4장

기업의 가치는
어떻게 평가하나?

"겉으로 드러난 가격보다 속에 숨은 가치가 더 중요하다는 걸
사람들이 잊어가는 것 같다.
놀랄 만큼 좋은 플레이를 한두 번 한다고 좋은 선수가 되는 게 아니다.
당연하게 해야 하는 일을 올바로 해낼 때 좋은 선수가 되는 것이다."
— 야구 감독 김성근

가치평가 방법

애청하는 팟캐스트[*] 〈신과 함께〉에서 사경인 회계사의 이야기를 들었다. RIM(잔여이익 모델)을 사용하여 가치평가를 하고 있다고 이야기하면서, 기업 가치평가에서 가장 많이 알려지고 사용하고 있는 모델인 DCF(현금흐름할인모형)를 왜 본인이 사용하지 않는지 그 단점을 언급했다. DCF 모델은 가정이 너무 많다는 것이다. 예를 들어 현재 5만 원 내외인 삼성전자를 DCF로 가치평가를 해보면 가정에 따라 1~10만 원의 가치가 나오는데, 이걸 어떻게 믿고 의지할 수 있겠느냐란 논리였다. 물론 가정이 DCF에 비해 적을 뿐이지, RIM도 비슷한 문제를 안고 있긴 하다.

나도 기업 가치평가를 할 때 절대가치평가 방법으로 잘 알려진 DCF와

---

[*] 사용자들이 듣기를 원하는 프로그램을 선택해서 구독할 수 있는 인터넷 방송이다. 아이폰에서는 팟캐스트 앱을 통해 선택해서 들을 수 있고 안드로이드에서는 팟빵과 같은 앱을 통해 여러 가지 방송들을 선택해서 들을 수 있다.

RIM, DDM(배당할인모형) 그리고 상대가치평가^{PER, PBR, PCR, PSR}도 함께 고려하긴 하지만, 역시 주된 도구는 워런 버핏도 이용한다고 추측되는 DCF다. 그리고 정확성을 위해 서로 다른 가정들로 몇 가지 가치를 함께 구한다. 때론 평균을 내기도 하고, 때론 가장 합리적이라고 생각하는 한 가지만 선택하기도 한다. 내가 알고 있는 가치투자자들은 모두 자신만의 계산법을 가지고 기업 가치를 계산하고 보완해나간다. 계산법을 컴퓨터로 시스템화해서 자동으로 계산하기도 한다.

내가 사용하고 있는 DCF로 당시의 삼성전자(현재가 48,200원)를 가치평가했더니 1~10만 원이 아니라 45,873~65,043원 범위로 나왔다. 평균은 54,120원으로 약 12% 정도 상승 여력이 있는 것으로 보인다. 이 숫자만 보면 현재가보다 높긴 하지만, 내가 매수할 가격은 아니었다. 내가 가장 합리적이고 정확한 가정으로 신뢰하는 DCF의 계산 값은 48,530원으로, 현재 삼성전자의 가격과 거의 비슷하게 나왔다. 적어도 '내 모델'에 따르면 가격과 가치가 '현재는' 비슷하게 가고 있었다.

RIM이 맞고 DCF가 틀리다거나, DCF가 맞고 RIM이 틀렸다는 얘기를 하고 싶은 게 아니다. 케인스나 워런 버핏, 찰리 멍거와 같은 거장들이 말했듯 "정확하게 틀리기보다는 대충이라도 맞는 게 더 낫다It is better to be approximately correct, than precisely wrong"는 말을 하고 싶다. 워런 버핏과 찰리 멍거도 자신들이 가장 잘 알고 있는 버크셔 해서웨이의 기업 가치평가를 해보면 10% 정도 오차가 날 때도 있다고 한다. RIM이든 DCF든 DDM이든 혹은 상대평가 방법인 PER, PBR, PSR이든, 하나 혹은 몇 개의 가치평가 모델을 선택했다면 그 모델이 나온 이유와 원리를 깨우치고 각각의 장단점을 고려해 더욱 정교화해서 정확도를 높여야 한다. 그리고 손에 쥔 그것을 버리고 산업과 기업에 따라 유연해질 수도 있어야 한다.

"주식의 가치를 평가하는 데 필요한 수학적 계산은 별로 어렵지 않다. 하지만 경험이 풍부하고 현명한 분석가조차도 미래의 현금흐름을 추정하는 데 실수를 할 수 있다. 버크셔에서는 이 문제를 2가지 방법으로 해결하고 있다. 첫째, 우리는 우리가 잘 이해하는 비즈니스에 집중하려고 노력한다. 비교적 단순하고 안정적인 사업이어야 한다. 만약 사업이 복잡하거나 지속적으로 변한다면 향후 현금흐름을 예측할 수 없다. 그럼에도 이런 단점은 우리를 괴롭히지 않는다. 투자에 있어서 대부분의 사람들에게 중요한 것은 얼마나 많이 알고 있느냐가 아니라 얼마나 현실적으로 모르는 것을 구분할 수 있느냐에 달려 있기 때문이다. 투자자는 큰 실수를 피하기만 한다면 몇 번의 아주 적은 일을 제대로 하면 된다. 둘째, 똑같이 중요한 것은, 우리는 구매 가격에 안전마진을 따진다는 것이다. 만약 계산한 주식의 가치가 가격보다 약간 높다면 우리는 주식을 매수하지 않을 것이다. 우리는 벤 그레이엄이 그렇게 강조한 안전마진을 투자성공의 시금석으로 삼고 있다."

– 워런 버핏, 주주서한(1992년)

국내의 유명한 투자자 두 사람이 일반 투자자와의 질의 응답 시간에 기업의 가치를 계산하는 데 DCF를 사용하는지 직접 답한 적이 있었다. 먼저 박성진 이언투자자문 대표는 DCF를 사용하지 않는다고 대답했다. 아마도 PER과 PBR 같은 상대가치평가법을 직관적으로 사용하는 것으로 생각된다.

"DCF는 5~10년 이상 장기적으로 미래를 예측하는 것입니다. 저는 고작해야

3~4년 후의 미래를 예측합니다. 그때 어떻게 성장할지가 보이고, 그 성장한 미래가 지금 가격에 비해 충분히 싼지만 고려합니다. 그래서 DCF는 사용하지 않습니다."

– 박성진 이언투자자문 대표

반면에 정채진 투자자는 DCF가 문제점이 있기는 하지만, 잘 알고 활용한다면 상대가치평가법까지 제대로 이해할 수 있는 좋은 도구가 될 수 있다며 추천하고 있다. 개인적으로도 DCF의 기본 원리를 잘 배워서 적절히 사용한다면 가치평가에 있어서 자신만의 좋은 무기를 가지게 될 것이라고 생각한다. 특히 DCF만의 장점은 막연하게 느껴지는 회사의 성장 스토리를 구체적으로 그려볼 수 있다는 것이다.

"DCF에는 2가지 문제가 있습니다. 첫 번째는 할인율을 얼마로 적용할 것인가입니다. 두 번째는 미래의 현금흐름을 얼마로 예측할 것인가와 관련이 있는 성장률입니다. 개인적 경험으로 할인율은 10%가 적절하다고 봅니다. 사용자에따라 값의 변동성이 크긴 하지만, DCF를 사용해보는 것은 추천합니다."

– 정채진 투자자

워런 버핏은 "대학 교육의 가치를 어떻게 알 수 있을까?"란 질문에 답하면서 현금흐름할인법(DCF)의 개념을 이용했다.

4년 동안 대학을 다니는 비용이 5천만 원이라고 가정하자. 그 기간 동안 대학을 다니지 않으면 벌 수 있는 돈이 대략 연 2,500만 원으로 4년 동안 총 1억 원이라고 가정하면, 기회비용을 포함한 대학 교육의 총비용은 약 1억 5천만 원이다.(5천에서 1억 5천만 원의 범위를 갖고 있다고 생각하자. 때로는 기회비용을 고려하지 않고 5천만 원만 생각하는 경우도 많다.)

대학을 졸업하고 취업해서 버는 돈과 졸업장 없이 취업해서 버는 돈의 차이를 대략 2천만 원이라고 가정해보자. 대략 30년 동안 급여가 오르더라도 이 차이가 유지된다고 가정하면, $2000/(1+r)+2000/(1+r)^2+2000/(1+r)^3+\cdots+2000/(1+r)^{30}$이 된다. 할인율인 r이 5%일 때 이 값은 3억 745만 원이 되고, 정채진 투자가가 권장하는 r이 10%일 때(버핏도 이 범위 내외를 사용하는 것으로 짐작된다) 1억 8,854만 원이 된다. 두 경우 모두 기회비용을 포함한 총비용 1억 5,000만 원을 넘기 때문에 대학 교육의 가치가 충분하다고 합리적으로 판단할 수 있다. 물론 졸업장의 차이가 2천만 원보다 크거나 작은 경우 값은 달라진다(1,500만 원이라고 가정하면 5%일 때 2억 3,059만 원, 10%일 때 1억 4,140만 원이 된다). 현금흐름이 2천만 원으로 고정된 경우에는 2000/0.05, 또는 2000/0.1로 간단하게 계산해도 큰 차이는 없다.

기업의 가치를 고려하는 것도 이와 크게 다르지 않다. 차이점은 현금흐름이 증가하거나 감소한다는 것과 할인율을 얼마로 할 것인가, 그리고 기간을 얼마만큼 내다볼 것인가 정도다. 이런 조건이나 가정의 작은 차이가 결과값에 큰 차이를 가져온다. DCF는 비교적 10년 이상의 (영구)기업을 가정하기 때문에, 3~4년만 추정하는 박성진 이언투자자문 대표는 DCF를 기업 분석에서 거의 사용하지 않는다고 한 것이다.

"기원전 600년, 이솝은 손안에 있는 새 한 마리가 숲속에 있는 2마리의 가치와 같다고 말했다. 우리가 아마존을 구매할 때 그것을 매수한 매니저는 숲속에 새가 몇 마리인지, 숲까지 얼마나 걸리는지, 얼마나 숲에 대해 확신을 가지고 있는지, 다른 사람이 숲을 없애려고 하지는 않는지 등을 다른 것과 똑같이 계산했다. 경영대학원에서 이와 관련된 많은 공식들을 배우겠지만 기본 공식은 이솝이 말한 것과 같다. 투자에서 성공은 결국 얼마나 숲에 대한 확신을 가지고 있는가, 숲은 얼마나 멀리 있는가, 최악의 경우는 무엇인가, 숲에 한 마리가 있는지, 아니면 4~5마리, 10~20마리가 있는지 등을 얼마나 잘 가려내는가에 달렸다. 이것이 나와 내 후임 투자 매니저들의 길잡이가 될 것이고, 틀리는 경우보다 맞는 경우가 훨씬 더 많을 것이다."

— 워런 버핏, 버크셔 해서웨이 주주총회(2019년)

가치평가 사례

총자산이 3억 4,200만 원, 부채가 6,200만 원, 자본이 2억 8천만 원인 작은 기업이 있다. 이 회사의 연매출은 4,760만 원이고 순이익은 1,100만 원 정도다. 매출과 이익은 대략 연평균 5%로 성장하고 있다. 이 기업의 가치는 얼마일까? 얼마면 이 기업을 살 것인가?

만일 이 기업이 PBR 1 가격에 거래되고 있다고 가정한다면, 가격은 2억 8천만 원이고, PER(시가총액/순이익)이 25.54로 그리 싸진 않은 가격이다. 현재 ROE(순이익/자본)가 3.91로 낮은 걸 생각해보면 PER이 훨씬 더 높게 느껴진다. PBR(시가총액/자본) 1.0이고 PEG*가 5가 넘는 고평가 기업이다. ROE가 3.91 정도면 기업 내부에 큰 변화가 보이지 않는 한 두말없이 투자

---

* PER을 주당순이익(EPS) 증가율로 나눈 값이다. 향후 이익의 성장성에 비해 PER이 적정한지 판단하는 지표로, 낮을수록 좋다. 일반적으로 1 이하를 좋게 본다.

리스트에서 제외될 수치다. 결국 기업의 가치는 미래에 벌어들일 현금의 총합을 구하고 그것을 현재 가치로 할인하는 것이다. 그것을 가지고 현재 가격과 비교해서 싸면 사고, 비싸면 사지 않는 것이 가치투자의 기본이다.

처음으로 돌아가서, 그 기업이 벌어들이는 순이익 1,100만 원이 1년 후에는 1,150만 원, 2년 후에는 1,270만 원, 3년 후에는 1,470만 원… 10년 후에는 1억 6천만 원으로, 모두 합하면 4억 7,600만 원이 된다. 그렇다고 해서 이 기업의 가치가 4억 7,600만 원이 되는 것은 아니고, 이것을 다시 현재 가치로 환산해야 한다. 이는 10년 뒤의 액수이기 때문이다. 이 작업의 핵심은 기업의 성장률이 어떻게 될 것인가, 현재 가치로 할인하는 할인율을 얼마로 할 것인가에 달렸다. 수치가 조금이라도 달라지면 결과는 완전히 달라진다. 이것이 모든 가치평가의 핵심이다.

간단한 툴로 계산한 저 기업의 가치는 대략 3억 3천만 원에서 3억 9천만 원 사이였다. 여기서 안전마진 30%를 준다면, 2억 3,400만 원에서 2억 7,500만 원 사이에 구매해야 한다. 따라서 만일 현재 가격이 PBR 1에서 거래되고 있으면 가격이 1 이하로, 아니면 충분히 더 떨어질 때까지 기다려야 한다.

눈치를 챈 독자도 있겠지만, 이 기업은 2015년 대한민국 표준 가정의 모습이다. ROE가 3.91이면 자본의 효율을 더 높일 필요가 있다. 대부분의 돈이 거주하는 집에 깔려 있어서 당연히 저런 결과가 나온 것이지만, 투자자의 입장에서 볼 때 절대로 투자하면 안 되는 기업의 전형이다. 특히 여유자금이 발생했을 때 돈의 주된 운용 방법은 저축과 금융투자에 43%, 부동산에 27.8%, 부채 상환에 23.6%로 계획하고 있으며, 금융투자를 계획하고 있는 사람들 중 90.6%가 은행예금을 꼽고 있다. 개인연금 2.3%, 주식투자는 단 4.7%다. 지금의 금리를 생각해볼 때 향후라도 이 가정의 ROE가 올라갈 전망은 사실상 거의 없는 셈이다. 더구나 처음 가정한 성장률 5%도 사실 높게 예상한 것으로, 실제는 대략 2~3% 정도로 성장하고 있다. 가장의 나이가 40대 중후반이라는 점을 감안하면 향후 10년의 일정한 현금흐름을 기대하기가 어려운 실정이다.

아주 단순화해서 예를 든 위의 과정들을 살펴보는 것이 가치투자의 가장 기본이다. 그리고 거기서 더 나아가 그 기업의 경쟁력과 향후 성장성을 더욱 세심하게 들여다보는 것(흔히 분석이라고 한다)이 투자의 성패를 좌우한다. 가장이나 가구의 구성원들이 소득을 늘리기 위해 어떤 노력을 하고 있는가와 같은 경쟁력과 관련된 부분은 숫자로 보이지 않는다. 눈에 보이지 않는 부분을 볼 수 있는 것이 바로 주식투자의 핵심이다. 워런 버핏은 10년 이상을 정확하게 내다볼 수 있는 눈을 가지고 있고, 나를 포함한 대부분의 사람들은 1~2년을 넘지 못한다.

통계청에서 발표한 2017 사회조사(전국 25,704가구 조사)에서 흥미로운 부분 하나는 노후 준비 방법에 대한 답변이다. 노후를 준비하고 있다는 답변이 전체의 65.4%, 그렇지 않다는 답변이 34.6%이고, 노후 준비 방법으로는 국민연금을 포함한 연금이 71.9%(전체의 47%), 예금 18.8%(12.3%), 부동산 5.4%(3.5%), 퇴직금 3.5%(2.3%)였다. 노후 준비의 99.6%가 연금, 예금, 부동산, 퇴직금인 것이다.

주식과 채권으로 노후 준비를 한다는 응답은 단 0.3%였다. 13세 이상을 대상으로 한 조사이고 노후 준비는 사실상 19세 이상을 대상으로 한 설문이므로 노후 준비를 하지 않고 있다는 응답이 34.6%라는 건 그리 놀랍지 않지만(전체의 13.5%가 노후 준비 능력 부족), 주식과 채권투자의 비율이 0.3%

인 것은 꽤 놀랍다. 주식계좌가 500만 개를 이미 훌쩍 넘은 것으로 알고 있는데, 경제활동 인구를 단순히 2,500만으로 잡아도 20%인데 0.3%라니 낮아도 너무 낮다. 정말 소수의 사람들이 다수의 계좌를 가지고 주식투자를 하나 생각이 들다가도, 30~50대 중에 월수입이 400만 원을 넘는 계층에서도 주식과 채권으로 노후 준비를 하는 비율이 0.5~0.7%가 최대치인 것을 보면 사회 전반적인 인식이 아직은 형편없이 낮은 수준이다. 우리나라 국민들은 주식투자를 아주 위험한 투자로 생각하거나 과거의 나처럼 도박으로 치부한다. 하지만 주식은 결코 도박이 아니며, 올바른 투자법을 알고 나면 그리 위험하지도 않고, 지금 같은 저금리하에서는 오히려 좋은 투자처가 될 수도 있다. 위험은 공부의 양과 반비례한다는 것을 명심하자.

버핏은 왜 ROE를
중요하게 생각할까?

"자본(순자산) 100억 원인 기업이 사업에 투자하여 20억 원의 이익을 내고 (ROE 20%) 유보했다면 다음 해에는 120억 원을 가지고 사업에 투자하게 될 것이다. 또한 지속적으로 ROE 20%로 이익을 낸다면 다음 해에는 120억 원×20%=24억 원의 이익으로 자본은 다시 120억 원+24억 원=144억 원으로 증가하며, 그다음 해의 이익은 144억 원×20%=28억 8천만 원, 이런 복리의 원리로 계속 증가하게 된다. 그리고 10년 뒤에는 100억 원×$(1+0.2)^{10}$ 으로 619억 원 가치의 기업이 될 것이다. 반면 EPS는 어찌 보면 단리의 개념이다. 자본 100억 원인 기업이 EPS가 주당순자산의 30%나 된다고 해도 매년 이익이 그 수준에만 머무른다면 10년 뒤의 기업가치는 100억 원+(30억 원×10년)=400억 원에 불과하게 된다. 자본이 증가함에도 불구하고 자본에 비례하지 못하는 이익이 나온다면 그 기업은 효율적인 투자나 경영을 하지 못했다는 증거가 되며, 이런 기업의 미래가치는 시간이 경과할수록 크게 성장하지 못하게 된다."

– 서준식, 《왜 채권쟁이들이 주식으로 돈을 잘 벌까?》, 팜파스

《왜 채권쟁이들이 주식으로 돈을 잘 벌까?》*의 저자 서준식은 책에서 투자하기 좋은 채권형 주식의 조건으로 다음의 3가지를 들었다.

---

* 현재는 절판되고 《다시 쓰는 주식 교과서》(에프엔미디어)로 재출간되었다.

1. ROE가 꾸준히 유지되거나 증가하는 주식
2. 일관된 수익 여부를 알 수 있는 익숙한 기업, 잘 아는 종목
3. 정해진 장기 기대수익률을 충족시킬 수 있는 주식

기업의 10년 평균, 5년 평균 ROE와 최근의 ROE 추이를 비교하여 미래가치 계산에 필요한 적정한 ROE를 추산하고 현재의 주당순자산(BPS)을 이용하여 10년 후 미래가치(미래 주당순자산)를 계산한다. 예를 들어 현재 주당순자산이 10,000원이고 추산한 ROE가 15%라고 가정하면 10년 후 미래가치는 $10,000 \times (1+0.15)^{10} = 40,456$원이 된다. 저자는 할인율을 '투자 종목의 채권 3년물 금리×2'를 사용한다고 했는데, 지금 같은 저금리하에서는 적당하지 않다고 본다. 책에서도 지인의 말을 인용해 '1년 정기예금 금리+5%'를 사용하는 게 채권금리 확인이 힘든 일반인들에게 적합한 방식이라고 했지만, 개인적으로는 10% 정도를 할인율로 사용하는 게 적당하다고 본다. 예상 미래가치 40,456원을 다시 할인율인 $(1+0.1)^{10}$으로 나누어 나온 15,597원이 매수 가능 주가가 된다. 현재 주가가 이 가격보다 낮을 경우 향후 10년간 10% 이상의 복리 수익률을 기대할 수 있으므로 매수할 수 있다는 이야기다.

서준식 저자가 사용하는 방법(이 방법이 반드시 옳다는 이야기가 아니다. 가치평가의 여러 가지 방법 중 하나일 뿐이고, 결국에는 자신만의 가치평가 방법을 찾아야 한다) 역시 DCF를 주당순자산과 ROE를 이용해서 아주 간단하게 활용한 것인데, 원리를 찬찬히 뜯어보면 ROE와 PBR에 대한 통찰을 얻을 수 있고 버핏이 왜 ROE를 그렇게 중요시하는지 알 수 있다.

ROE는 기업의 과거 평균을 활용하는 간단한 방법으로도 근사치를 알 수 있지만, 투자의 핵심 중 하나인 미래의 돈을 현재 가치로 환산하는 할인율

은 정확히 얼마로 해야 할까? 앞에서 몇 가지 방법을 이야기했고 정채진 투자자는 10%를 할인율이라고 이야기했지만, 투자자라면 당연히 이런 고민을 해봐야 한다. 여기서 투자자가 먼저 생각해봐야 할 것은 투자에서 기대하는 본인의 연 목표수익률이다. 경험상 목표수익률을 할인율로 하면 크게 어긋나지 않는다.

워런 버핏은 과거 자신의 연 목표수익률을 15%로 이야기한 적이 있고, 투자를 고려하는 기업의 기본 조건으로 ROE 15 이상을 이야기했다. 지금과 같은 저금리 저성장 시대에는 가혹하게 느껴질 수도 있겠지만, 나 역시 특별한 이유가 없는 한 15%를 선택했다(최근의 제로금리하에서는 조금 낮춰 보수적으로 10% 정도가 적정할 수 있다). 목표수익률이 너무 낮으면 투자 대상 기업이 과도하게 늘어나게 되고, 목표수익률이 너무 높으면 투자 대상 기업이 없다.

할인율을 결정하는 건 고정된 목표수익률 외에도 몇 가지 방법이 있다. 이를테면 물가상승률+경제성장률, 장기국채 금리의 1.5~3배, 혹은 회사채 금리+α 수준이나, 주식시장 평균 기대수익률(1/PER)+α 정도가 생각해 볼 수 있는 범위다. 워런 버핏은 30년 장기국채 수익률을 투자에 대한 기회비용으로 사용한다고 이야기한 적이 있었다. 할인율을 찾는 정확한 기준은 없지만, 가급적이면 보수적으로 선택하는 게 좋다. 몇 가지를 비교해서 그 중 가장 높은 수치를 선택하는 것이 보수적인 방법이다.

기업의 내재가치는 어떻게 계산할까?

"위스는 이 기사에서 주식이든 채권이든 간에 증권의 적절한 가격, 즉 현재 가치는 모든 미래 수입을 일정한 이자율로 할인한 총합이라고 설명한다."

— 메리 버핏, 《워렌 버핏의 실전 주식투자》, 이콘

워런 버핏의 며느리였던 메리 버핏이 쓴 책도 많은 도움이 되었지만, 나에게는 기업가치평가를 공부하는 데 모니시 파브라이의 《단도투자》가 정말 많은 도움이 되었다. 어려운 수식으로 설명하는 다른 책들과 달리 이 책은 간단하고 명확하게 현금흐름할인법(DCF)을 이용해 가치평가를 할 수 있도록 알려준다. 내가 읽었던 《단도투자》는 현재 절판되고, 《투자를 어떻게 할 것인가》로 재출간되었다. 가치투자자라면 꼭 읽어야 할 책이니 주식투자를 할 계획이라면 반드시 읽어 보길 권한다. 모니시 파브라이는 이 책에서 매물로 나온 주유소를 예로 들면서 그 주유소를 사야 하는지 아니면 10% 이자가 나오는 다른 저위험자산에 투자해야 하는지에 대한 답을 현금흐름할인법을 이용해서 자세히 비교해 설명하고 있다.

핵심은 결국 기업의 자산가치와 미래에 벌어들일 수익가치 그리고 청산가치를 계산하는 것이다. 여기서 자산가치는 기업이 현재 가지고 있는 현금과 투자자산에서 이자부채를 뺀 값이고, 수익가치는 향후에 벌어들일 현금(FCF)을 적절한 할인율을 통해 현재가치로 바꿔준 값이다. 마지막으로 청산가치는 미래에 기업을 매각한다고 가정했을 때 적절한 밸류에이션을 계산해서 역시 현재가치로 바꿔준 값이다.

기업의 가치는 이 3가지 값의 합으로 결정된다. 이렇게 계산한 가치와 현재 거래되는 가격을 적절한 안전마진을 고려해서 비교한 후 투자 여부를 결정하게 된다. 이런 방법을 사용해서 가치계산을 하다 보면 처음에는 낯설고 어렵게 느껴지겠지만 이는 당연한 일이다. 하지만 계속해서 이 방법을 사용해서 가치평가를 하다 보면, 기업을 보는 자신만의 안목을 갖게 되고 남들이 보지 못하는 가격 이면의 것을 볼 수 있게 된다. 이는 투자에 있어 큰 우위를 선점하게 되는 것이다. 이와 같은 가치평가를 통해 먼저 기업이 싼지 비싼지를 알고 나서야 왜 그런지 이유를 살펴볼 수 있고, 터무니없이 비싼 기업은 피할 수 있다.

모니시 파브라이의 계산법을 국내 기업 하나를 대상으로 예를 들어보겠다(기업은 적당한 기업을 골랐을 뿐, 절대로 투자를 권유하는 것이 아니다). '조선선재'라는 용접용 재료를 생산하는 제조업체가 있다. 현재 시가총액이 1,300억 원을 조금 넘는 중소형 업체로, 단순한 사업을 하고 있기 때문에 분석하기에 용이하다. 조선선재의 가장 최근 2020년 1분기 재무상태표를 찾아보면 다음과 같다.

· 2020년 1분기 조선선재 재무상태표 ·

	제11기 1분기 말	제10기 말
자산		
유동자산	111,963,629,412	107,947,195,501
현금 및 현금성 자산	82,637,467,179	70,163,117,381
매출채권	7,687,883,650	7,062,146,212
기타 유동채권	1,152,586,007	992,523,959
기타 유동금융자산	7,605,291,344	18,419,998,613
기타 유동자산	136,481,495	11,402,478
재고자산	12,743,919,737	11,298,006,858
비유동자산	13,331,478,421	13,103,876,975
기타 비유동채권	904,301,000	887,561,000
기타 비유동금융자산	654,836,920	593,053,348
유형자산	10,271,928,635	10,156,263,835
영업권 이외의 무형자산	223,234,792	238,200,232
사용권자산	226,615,885	175,399,129
투자부동산	1,050,561,189	1,053,399,431
자산총계	125,295,107,833	121,051,072,476
부채		
유동부채	11,052,374,008	9,128,652,255
단기매입채무	3,780,058,234	3,314,685,306
기타 유동채무	4,563,583,230	3,403,655,422
유동성 리스부채	209,003,687	167,385,587
기타 유동부채	302,761,094	603,467,339
당기 법인세부채	2,196,967,763	1,639,458,601
비유동부채	1,590,449,617	1,444,891,929
퇴직급여부채	693,829,108	505,031,279
기타 비유동채무	30,000,000	30,000,000
리스부채	56,811,086	45,256,581
이연 법인세부채	809,809,423	864,604,069
부채 총계	12,642,823,625	10,573,544,184

출처: 다트, 조선선재 사업보고서

자산 중에 현금 826억 원, 기타 유동금융자산 76억 원, 투자 부동산 약 11억 원을 모두 합하면 913억 원이 현금 및 투자자산이 된다. 유이자 부채가 거의 없기 때문에 이 숫자를 그대로 사용해도 되지만, 개인적으로는 보수적으로 계산하기 때문에 이 숫자를 20% 정도 할인해서 계산한다. 이 기업의 지난 10년간 ROE를 평균해보니 21% 정도인데, 최근 5년간 ROE 평균은 15% 정도로 떨어졌다. 보수적으로 하려면 미래 성장률을 15%보다 낮게 잡아야 한다.

• 이익과 현금흐름 비교표 •

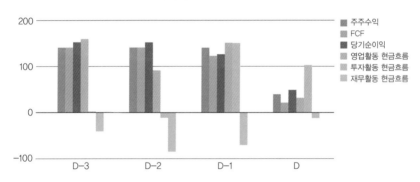

최근 3년간 이 기업이 벌어들인 순이익과 FCF를 계산해보니 120억 원 정도는 충분히 벌어들이는 것을 볼 수 있다. 워런 버핏이 계산하는 주주수익 owner earnings과 FCF 그리고 당기순이익과 영업활동 현금흐름이 거의 비슷하게 흘러가는 좋은 기업이다. 위 도표에서 마지막(D)은 2020년 1/4분기만 표시했기 때문에 무시해도 된다. 좋은 기업은 위 4개의 수치가 비슷하게 가면서 플러스를 유지하고 투자활동 현금흐름과 재무활동 현금흐름이 마이너스가 되는 모습을 보인다. 거기에 딱 맞는 기업이다. 경험상 이 도표처럼 그려

지는 기업이 좋은 기업이다. 다만 성장이 조금 아쉽다.

이제 내재가치 계산에 필요한 수치들을 모두 구했으니, 엑셀로 간단하게 계산만 하면 된다. 내 경우에는 앞에도 말했듯이 필요한 수치를 넣으면 자동으로 계산될 수 있도록 표를 만들어두었기 때문에 이런 가치계산을 쉽고 빠르게 할 수 있다.

· 현금흐름할인법을 이용한 조선선재의 기업가치 ·

성장률	연도	현금흐름(FCF)	현재가치(PV)
15%	D	120	739
15%	D+1	138	120
15%	D+2	159	120
15%	D+3	182	120
8%	D+4	196	112
8%	D+5	211	105
8%	D+6	227	98
5%	D+7	238	89
5%	D+8	250	82
5%	D+9	262	74
5%	D+10	275	68
3.62	판매 가격	995	246
8.73%	시가총액		1,973
108,000	적정가		156,894

앞서 계산한 현금성자산을 정확하게 계산한 후 20% 정도 할인해서 739억 원으로 계산했고, 향후 10년 동안 성장률 평균을 5년 평균인 15%보다 낮은 8.73% 정도로 보수적으로 계산했다. 매각 가격은 10년 후 FCF에 현재의 PER보다 훨씬 낮은 3.62를 적용했다. 할인율은 15%(파란색 칸)를 적용해

서 역시 보수적으로 계산한 결과, 노란색으로 표시한 1,973억 원이 나온다. 현재 시가총액 1,300억 원보다 훨씬 높은 가치를 보인다. 적정 주가 15만 6,894원에서 안전마진 25%를 감안하면 11만 7,500원으로, 충분히 매수할 수 있는 가격으로 나온다. 이는 단순하게 계산한 수치로, 투자할 만한 기업인지 아닌지는 뒤에서 설명할 정성적인 분석이 함께 들어가야 한다. 특히 이 기업은 자산가치가 높게 나타나는 현금이 많은 기업인데, 이런 경우 경영진이 향후 이 현금을 어떻게 사용할 계획인지와 같은 자본 배치에 대한 분석이 포함되어야 한다. 워런 버핏은 이런 간단한 숫자 계산을 암산만으로도 계산할 정도로 능통했지만, 버핏이 누누이 강조했듯이 재무제표에 나타나지 않고 눈에 보이지 않는 기업의 경쟁력을 파악할 수 있는 통찰력이 중요하다. 미시적인 숫자나 세세한 가정이 중요한 것이 아니라 '이 기업을 누군가 인수한다면 얼마가 적당할 것인가?', '똑같은 경쟁 기업을 새롭게 만든다면 얼마가 들어갈까?'라는 관점에서 버핏처럼 종합적으로 생각해야 한다.

위대한 투자자 존 네프는 적정 PER을 이익성장률(ROE)+배당률(DY)로 봤다. 배당률을 인플레이션과 상계한다고 보면 결국 주가(P)=EPS×PER이 되고 P=EPS×ROE가 된다. EPS가 1만 원이고 ROE가 10%라고 한다면 직관적으로 10만 원(1만 원×10)을 적정 가치로 보고, 일반적인 안전마진 25%를 고려해서 7만 5천 원 이하의 가격에서 매수를 고려해볼 수 있다. 슈퍼개미로 유명한 김정환의 유튜브를 보니, 정밀한 분석에는 DCF를 사용하지만 이렇게 간단한 내재가치법을 쓴다고 밝혔다. 피터 린치도 존 네프의 이 방법을 조금씩 응용해서 자신만의 내재가치 평가법을 개발했다. 내재가치를 계산하는 게 특별히 어렵거나 힘든 일은 아니다. 워런 버핏의 다음 말을 꼭 기억하자.

"주식의 가치를 분석하기 위해 미적분 계산을 할 수 있어야 한다면 나는 아직
도 신문 배달 일을 하고 있었을 것이다. 종목의 가치 분석을 위해서는 발행주
수를 나눌 수 있는 나눗셈 정도만 필요하다."

– 서준식, 《왜 채권쟁이들이 주식으로 돈을 잘 벌까?》, 팜파스

조선선재의 경우를 존 네프와 피터 린치, 슈퍼개미 김정환의 방법으로 간
단하게 계산해보면, EPS가 아닌 FCF 120억 원을 사용해서 최근 5년 평균
ROE 15를 곱하면 1,800억 원이 나온다. EPS를 사용하는지, 현재 ROE를 사
용하는지, 과거 평균을 사용하는지에 따라 이 간단한 공식도 결과가 완전
히 달라질 수 있다. 어떤 방법을 사용하든 이것은 기업 가치평가의 숙명이
다. 다만 정확도를 어떻게 높여나갈지는 투자자의 공부량과 경험에 달려
있다. 앞에서 가치평가한 1,970억 원과 간단한 계산으로 나온 1,800억 원의
차이는 크다면 크고 작다면 작을 수 있는데, 다시 한번 강조하지만 가치계
산에서 중요한 건 정확한 숫자가 아니라 숫자 너머를 예측할 수 있는 통찰
력이다. 숫자 하나하나에 연연하기보다는 좋은 기업과 경영자를 가려낼 줄
아는 안목을 키워야 한다.

지금까지 가치투자의 가장 중요하고 기본적인 공부가 끝났다. 가치를 계
산하고 가격과 비교하는 것은 모든 투자의 기본이다. 몸에 익히고 버핏처
럼 암산이 될 때까지 노력해야 한다. 물론 우리에겐 엑셀과 계산기(핸드폰에
도 있다!)라는 훌륭한 무기가 있다. 나중에 기업 분석 사례에서도 언급하겠
지만, 엑셀은 투자자의 기본 도구로 간단한 사용법은 익혀두어야 편하다.
투자 기업을 고를 때 간단하게 엑셀을 사용한다. 엑셀을 하나도 모르더라
도 미리 겁먹을 필요는 없다. 하나씩 배워나가면 된다. 투자에서 미적분이

필요 없듯이, 엑셀에서 아주 복잡한 함수나 VBA^Visual Basic for application*, 매크로 같은 것을 군이 할 필요가 없다.

이제 본격적으로 투자할 기업을 고르는 방법에 대해 알아보자. 초보자도 쉽게 접근할 수 있는 방법들을 골랐으니, 컴퓨터를 켜고 그대로 따라 해보기 바란다.

---

* 마이크로소프트의 오피스 응용 프로그램용 매크로 언어를 말한다.

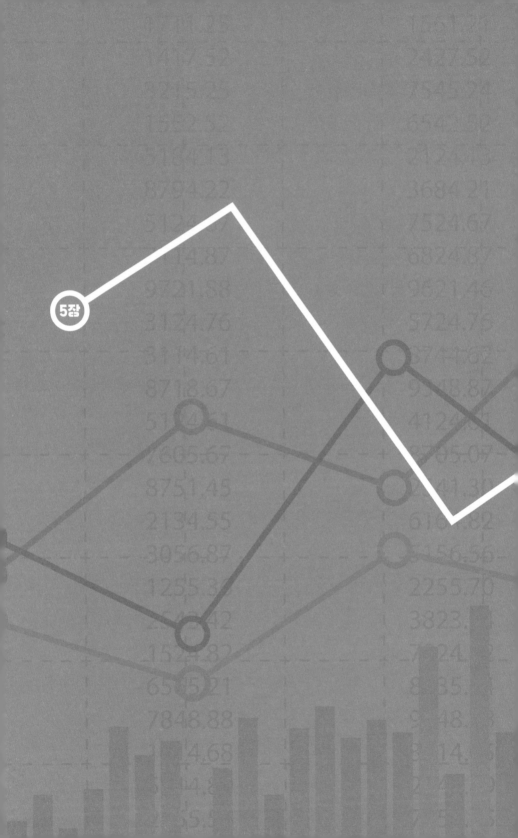

5장

투자 기업을 고르는 방법

"사람들은 자신이 중점을 두고 하는 일에 '예스'라고 대답하는
것을 집중이라고 생각한다. 그러나 그것은 절대 집중의 의미가 아니다.
100개가 되는 다른 좋은 생각에 '노'라고 대답하는 것이 진정한 집중이다.
당신은 신중하게 골라야 한다.
나는 자신이 했던 것만큼이나 하지 않았던 것에 대해서도 자부심을 갖고 있다.
1,000개의 생각에 '노'라고 대답하는 것, 그것이 바로 혁신이다."
– 스티브 잡스(나심 니콜라스 탈레브, 《안티프래질》, 와이즈베리)

좋은 주식을 싸게 사는 게 가치투자란 관점에서, 먼저 좋은 주식 고르는 팁을 설명하겠다. 미켈란젤로는 다비드 상을 어떻게 만들었냐는 질문에 "돌에서 다비드처럼 보이지 않는 부분만 깎아냈다"고 했다. 이 답을 떠올리면 된다. 찰리 멍거의 말을 곱씹어봐도 좋다. "나는 내가 어디서 죽을지 가장 알고 싶다. 만약 그것을 안다면 절대로 거기에 가지 않을 것이기 때문이다." 좋은 기업을 고르는 일은 그저 나쁜 기업을 제거하기만 하면 된다. 죽을 곳에 가지 않으면 된다는 말이다.

가치투자 철학으로 펀드를 운용하고 있는 브이아이피자산운용의 최준철 대표는 투자자들이 사면 안 될 주식을 다음 4개로 정리했다. 첫째, 성장에 대한 기대가 지나치게 반영돼 있는 과대평가 주식. 둘째, 미래 전망을 알기 어려운 주식. 셋째, 비즈니스 모델이 취약하고 제품 경쟁력이 약한 주식. 넷째, 주주의 이익을 고려하지 않는 경영자가 운영하는 기업의 주식. 조금

두루뭉술하고 막연하니, 구체적인 예를 들어보자.

앞의 4가지 중 세 번째에서 제품 경쟁력은 최소한 ROE가 10%는 넘어야 한다. 국내 상장기업 약 2천 개 중에 ROE 10% 이하 기업을 제거하면 378개 기업만 남는다. 네 번째로 말한, 배당금을 하나도 주지 않는 기업을 뺀다고 하면 274개로 줄어든다. 여기서 첫째 조건, 지나치게 기대가 반영된 기업을 PER 10 이상이라 보고 제거하면 158개 기업이 남는다. 단 3가지 조건만 고려해서 제거했는데도 약 2천 개 중에서 158개로 줄어든다. 물론 ROE 10, PER 10, DY 0의 숫자들을 높이거나 줄이거나 다른 관점에서 기준을 추가하거나 하면 숫자는 훨씬 더 줄어든다. 참고로 버핏은 최소한 ROE가 15 이상(그것도 최소 5년 이상)은 되어야 경쟁력이 있다고 보았다. 버핏의 이 조건을 국내에 적용하면 무려 99%를 제거할 수 있다.

워런 버핏이 좋은 기업을 고르는 기준에 대해서는 그의 이름이 들어간 책의 수만큼 많이 나와 있지만, 버핏이 아닌 이상 정확하게 알 수가 없다. 워런 버핏이 직접 쓴 주주 서한을 통해 몇 가지 조건들을 추측만 할 따름이다. 그중 널리 알려진 6가지 기준은 다음과 같다.

1. Five-year average return on equity/ return on invested capital greater than 15%
   : 5년 평균 15% 이상 ROE와 ROIC
2. Debt to equity less than or equal to 80% of the industry average
   : 산업 평균의 80% 이하 부채비율
3. Five-year average pre-tax profit margin 20% higher than the industry average

: 5년 평균 20% 이상 순이익 마진

4. Attractive valuation: The current P/E ratio vs the 10-year historical average

: 과거 10년 평균보다 낮은 PER

5. Attractive valuation: Price to book value below historical multiples

: 과거 10년 평균보다 낮은 PBR

6. Attractive valuation: Price to cash flow ratio attractive vs the rest of the industry

: 낮은 PCR

1, 2, 3은 경쟁력에 관한 것이고 4, 5, 6은 과대평가되었는지 걸러내는 채다. 버핏은 2016년부터 아이폰과 아이패드를 생산하는 IT기업 애플에 투자하기 시작했는데, 2015년부터 그 전의 재무제표를 가지고 직접 6가지 기준을 따져봤더니 애플은 모두 합격이었다. 이는 정량적인 기본 조건이고, 버핏과 그의 후계자들은 애플이 정성적인 분석에서도 합격했기 때문에 투자를 시작했을 것이다.

물론 이런 것들은 나쁜 기업을 걸러내는 최소한의 기준이다. 이외에 10년 이상의 업력, 제품 유무, 안전마진 25% 이상 등과 같은 조건들이 추가될 수도 있다. 이와 같은 조건들을 바탕으로 본격적으로 투자를 한다고 해도 또 다른 어려움이 있을 수 있다. 다시 한번 강조하지만, 좋은 기업을 찾으려면 먼저 나쁜 기업을 골라내면 된다.

내가 업데이트하고 있는 나쁜 기업의 조건은 다음과 같다. 1) 대주주 지분 20% 미만인 기업, 2) 매출의 대부분을 단일 제품이나 단일 기업에 의존

구분	2010	2011	2012	2013	2014	2015	2016	2017	2018	2019	5년 평균
Revenue	65,225	108,249	156,508	170,910	182,795	233,715	215,639	229,234	265,595	260,174	
Gross Margin	39.38%	40.48%	43.87%	37.62%	38.59%	40.06%	39.08%	38.47%	38.34%	37.82%	
EBT	18,540	34,205	55,763	50,155	53,483	72,515	61,372	64,089	72,903	65,737	
EBT Margin	28.42%	31.60%	35.63%	29.35%	29.26%	31.03%	28.46%	27.96%	27.45%	25.27%	
Net Income	14,013	25,922	41,733	37,037	39,510	53,394	45,687	48,351	59,531	55,256	
Net Income Margin	21.48%	23.95%	26.67%	21.67%	21.61%	22.85%	21.19%	21.09%	22.41%	21.24%	23.35%
PE Ratio	18.41	13.6	14.76	11.95	15.56	11.92	13.59	16.63	18.99	18.76	14.37
PS Ratio	3.96	3.26	3.94	2.58	3.35	2.72	2.87	3.5	4.24	3.98	
PB Ratio	5.4	4.6	5.21	3.57	5.5	5.32	4.82	5.99	10.51	11.43	4.93
PC Ratio	13.87	9.39	12.11	8.25	10.30	7.83	9.37	12.52	14.60	14.94	10.29
EV/Sales	3.56	3.02	3.75	2.44	3.41	2.81	2.96	3.68	4.42	4	
EV/FCF	14.11	10.86	14.17	9.36	12.49	9.42	12	16.3	18.31	17.68	
Div/Sh	0	0	0.38	1.63	1.83	2.01	2.22	2.45	2.77	3.06	
Shares	6,366	6,470	6,544	6,477	6,086	5,753	5,471	5,217	4,955	4,618	
Op' Cash Flow	18,595	37,529	50,856	53,666	59,713	81,266	66,231	64,225	77,434	69,391	
Capex	-2,121	-7,452	-9,402	-9,076	-9,813	-11,488	-13,031	-12,451	-13,313	-10,495	
FCF	16,474	30,077	41,454	44,590	49,900	69,778	53,200	51,774	64,121	58,896	
Working Cap'	20,956	17,018	19,111	19,628	5,083	8,768	27,863	27,831	15,410	57,101	
Total Debt	0	0	0	16,960	35,295	64,328	87,032	115,680	114,483	108,047	
Sh' Equity	47,791	76,615	118,210	123,549	111,547	119,355	128,249	134,047	107,147	90,488	
A/E	0.00%	0.00%	0.00%	13.73%	31.64%	53.90%	67.86%	86.30%	106.85%	119.40%	67.86%
ROA	22.84%	27.06%	28.54%	19.34%	18.01%	20.45%	14.93%	13.87%	16.07%	15.69%	
ROIC	51.83%	41.68%	38.76%	30.64%	26.95%	31.33%	25.33%	21.84%	28.53%	40.78%	
ROE	35.28%	41.67%	42.84%	30.64%	33.61%	46.25%	36.90%	36.87%	49.36%	55.92%	39.00%

하는 기업, 3) 3년 안에 대규모 유상증자*를 단행한 기업, 4) 잦은 회계 기준 변경과 대표이사 교체가 잦은 기업, 5) 최근 2년 이내 대규모 투자가 이루어진 기업, 6) IPO(주식상장)된 지 3년 이내의 짧은 업력을 가진 기업.

버핏의 첫 번째 기준인 5년 평균 ROE 15% 이상이란 조건을 우리나라에 적용해보면 어떤 기업이 살아남을까? 개인적으로 2013년부터 2017년까지 5년을 기준으로 검색했을 때 13개 기업이 남았다. 그렇다면 가장 최근인 2015년부터 2019년까지 5년을 기준으로 평균 ROE 15% 이상 기업은 몇 개나 될까? 11개 기업이 남았다. 이 조건 하나만으로 나쁜 기업을 99% 이상 걸러낼 수 있는 것이다.

· 최근 5년간 ROE 15% 이상 기업 ·

No	회사명	2019	2018	2017	2016	2015
1	리노공업	17.59%	18.51%	17.71%	17.62%	18.32%
2	삼호	20.77%	17.55%	20.03%	28.99%	21.87%
3	DB하이텍	16.23%	15.55%	24.17%	25.84%	45.91%
4	코웨이	30.91%	32.20%	33.20%	20.59%	27.53%
5	고려신용정보	29.36%	24.40%	20.70%	22.39%	22.26%
6	이크레더블	25.42%	26.02%	25.97%	26.28%	23.20%
7	SK머티리얼즈	24.63%	27.94%	24.97%	24.85%	16.26%
8	한국쉘석유	21.47%	25.07%	24.38%	27.99%	32.23%
9	LG생활건강	18.36%	19.00%	19.68%	21.68%	20.93%
10	NICE평가정보	18.19%	19.31%	17.88%	18.23%	16.65%
11	대한약품	16.89%	20.32%	21.43%	19.00%	17.93%

---

* 기업이 주식을 추가로 발행해서 자금을 조달하는 것을 말한다. 유상증자를 하면 주식수가 늘어나서 기존 주주들이 피해를 입을 수 있다. 유상증자 발표 후 자금 조달의 목적에 따라 주가가 올라가기도, 내려가기도 한다. 좋은 기업은 벌어놓은 잉여금을 주로 활용한다.

워런 버핏의 스승인 벤저민 그레이엄은 어떤 조건들을 나쁜 기업을 걸러내는 도구로 사용했을까? 그가 남긴《현명한 투자자》를 바탕으로 후학들이 골라낸 그레이엄의 조건들은 다음과 같다.

1. PER의 역수인 주식수익률이 AAA등급 회사채보다 높아야 한다.

2. 과거 5년의 평균 PER보다 현재의 PER이 40% 정도 더 낮아야 한다.

3. 배당수익률이 AAA등급 회사채 수익률의 3분의 2보다 커야 한다.

4. 주가가 주당순자산의 3분의 2보다 작아야 한다(PBR이 0.67 이하).

5. 주가가 순유동자산*의 3분의 2보다 작아야 한다.

6. 부채가 자본보다 작아야 한다.

7. 유동자산이 유동부채보다 2배 이상 커야 한다.

8. 부채보다 순유동자산이 2배 이상 커야 한다.

9. 최소 10년 이상 EPS성장률이 7%보다 커야 한다.

10. 최근 10년 동안 적자인 기간이 2년 이상 있으면 안 된다.

그레이엄이 쓴 책을 읽다 보면, 그레이엄이야말로 최초의 퀀트Quant투자가**였음을 알 수 있다. 그는 집중투자를 하는 버핏과 달리 100개가 넘는 종목에 광범위하게 분산투자하는 방법을 주로 사용했다. 자신의 조건에 맞는 기업을 스크리닝을 통해 찾아내서 2~3년 동안 보유한 후 목표가에 도달하

---

* 순유동자산(Net Current Assets)은 유동자산에서 유동부채를 뺀 값이다. 유동자산은 1년 내에 현금화할 수 있는 자산을 말한다.

** 기업의 과거 데이터와 이를 이용한 수학적 계산과 통계를 바탕으로 투자할 대상을 골라내서 투자하는 방법이다. 특정 조건으로 검색하는 것을 스크리닝(screening)이라고 한다.

거나 주가가 움직이지 않으면 매도하고 다시 새로운 기업을 매수하는 전략이다.

한편 찰리 멍거는 이런 식으로 특정한 공식을 통해 투자 기업을 걸러내는 퀀트식 접근 방법에 대해 우려를 나타내기도 했다. 그는 특정 공식을 사용하지 않고 모든 변수들을 섞어서 가치와 가격의 차이가 매력적인지 아닌지를 검토하기 때문에, 정량적인 분석과 정성적인 분석을 함께 사용한다. 지금 현재 찰리 멍거의 포트폴리오도 몇 개의 종목에만 집중투자를 하고 있다. 코스트코도 그가 보유한 종목 중 하나다.

"(코스트코를 예로 들며) 그 사업의 경쟁력이 너무 뛰어나고 더 나은 성과를 거둘 가능성이 높기 때문에 나는 주가가 터무니없이 낮다고 생각했다. 그러나 나는 그것을 공식으로 줄일 수는 없다. 나는 저렴한 부동산 가치를 좋아했다. 경쟁우위를 좋아했다. 인사 시스템이 작동하는 방식이 마음에 들었다. 모든 것이 좋았다. 심지어 장부 가치의 3배이거나 무엇이었든 간에 더 가치 있다고 생각했다. 그러나 그것은 공식이 아니다. 공식을 원한다면 대학원으로 돌아가야 한다. 그곳에서는 작동하지 않을 많은 공식들을 알려줄 것이다."

– 찰리 멍거, '야후 파이낸스' 인터뷰

찰리 멍거의 이 말을 꼭 염두에 두고 기업을 골라야 한다. 정량적인 분석은 필요조건이지, 그 자체로 충분조건이 될 수 없다. 정량적인 분석은 기업을 골라내는 스크리닝 툴로 활용하고, 거기서 골라낸 기업들을 정성적인 분석을 통해서 투자 기업을 정해나가는 것이 바람직하다.

그런데 대부분의 일반 투자자들은 이런 방법들이 결코 쉽지 않다. 본격적으로 주식투자를 시작하고 싶지만, 정량적인 분석이나 정성적인 분석은 둘째 치고 당장 뭐부터 시작해야 할지 감이 안 잡힌다. 주변에 먼저 주식을 하고 있는 사람들에게 물어보면 일단 공부부터 시작하라고 하는데, 무슨 공부를 어떻게 해야 하는지 제대로 알려주는 사람도 없고 그저 막막할 뿐이다. 앞에서 기업의 가치를 평가하는 방법도 공부했으니, 이제부터는 본격적으로 국내 주식시장에 상장된 기업들 중에서 투자할 만한 좋은 기업을 골라내는 구체적이고 실용적인 방법을 하나씩 알아보자.

방어적인 투자 1: 배당수익률

우리나라 국민 모두가 아이디 하나씩은 가지고 있다는 네이버 금융*으로 들어가서 '국내증시'를 클릭한 후, 왼쪽 메뉴 중 '시가총액'을 누른다. 항목을 6개까지 설정할 수 있는데, 시가총액, 외국인 비율, 보통주 배당금, PER, ROE, PBR의 6개를 설정하면 코스피와 코스닥을 시가총액순으로 조회할 수 있다. 코스피 기준 1번부터 30번까지 마우스로 드래그해서 복사한 후, 엑셀 프로그램을 열어 붙여넣기를 한다.

이 30개 기업은 코스피 전체 시가총액의 64% 정도를 차지한다. 상위 10개 기업이 전체의 43.8% 정도이고, 삼성전자(+우선주) 단 한 개 기업이 코스피 전체의 24.4%를 차지한다. 미국은 S&P500이 전체의 약 80%를 차지하고 상위 10개 기업이 27%, 상위 5개 기업이 약 20%를 차지한다.

---

*   https://finance.naver.com

엑셀에서 열을 하나 추가한 후 보통주 배당금을 현재가로 나누면 시가배당률(DY)을 구할 수 있다. 엑셀의 '데이터' 탭을 누르고 '필터'를 클릭하자. 그리고 시가배당률을 필터로 '숫자 내림차순 정렬'을 하면 30개 기업을 배당률이 높은 순서대로 정렬할 수 있다. 그렇게 해서 나온 상위 5개(혹은 10개) 기업을 (100만 원을 투자할 생각이라면 20만 원씩, 1천만 원을 투자한다면 200만 원씩) 균등하게 구매하면 된다. 이 작업은 10분 정도면 충분하고, 엑셀을 잘 다룬다면 1분 만에 끝낼 수도 있다. 이 작업은 1년에 한 번씩만 하면 된다. 2020년 5월 27일을 기준으로 해봤더니, KB금융, 신한지주, 삼성생명, POSCO, KT&G 5개 기업이 시가배당률 상위 1~5위를 차지하고 있다.

너무 쉬운데 함정은 없을까? 시가배당률이 높다는 것은 성장에 한계가 있는 기업일 확률이 높다는 의미다. 추가로 시간을 내어 최근 5년 동안 매출이 역성장한 사례가 있는지 검토해서 역성장이 있을 경우에는 제외해도 된다. 또 배당금이 최근 4~5년 동안 줄어든 사례가 있는지 살펴보는 것도 좋다. 산업별로 중복을 피하는 방법도 있다. KB금융과 신한지주가 모두 은행주라면 이 중 한 개만 선택하는 식이다. 이 모든 작업을 하는 데 걸리는 시간은 10분 남짓이다.

딱 10분 만에 대한민국 전체 시가총액의 64%를 차지하는 기업 중 시가배당률이 가장 높은 상위 5개 기업을 골라냈다.

• 시가배당률(DY) 상위 기업(코스피 시총상위 30개 중) •

NO	종목명	현재가	시가총액	보통주 배당금	외국인	PER	ROE	DY	2016 배당금	2017 배당금	2018 배당금	2019 배당금	배당 성장률	2015 매출	2016 매출	2017 매출	2018 매출	2019 매출	매출 성장률
21	KB금융	33,100	137,632	2,210	64.42	4.18	8.92	6.68	1,250	1,920	1,920	2,210	20.9%	62,032	64,025	82,466	89,049	91,968	10.35%
19	신한지주	29,750	143,524	1,850	62.65	4.25	9.09	6.22	1,450	1,450	1,600	1,850	8.5%	66,929	72,054	78,430	85,801	97,380	9.83%
28	삼성생명	46,550	93,100	2,650	12.64	9.53	3.26	5.69	1,200	2,000	2,650	2,650	30.2%	277,059	304,286	319,590	322,409	318,040	3.51%
17	POSCO	182,500	159,116	10,000	50.02	10.68	4.18	5.48	8,000	8,000	10,000	10,000	7.7%	581,923	530,835	606,551	649,778	643,669	2.55%
23	KT&G	84,900	116,561	4,400	44.47	11.03	12.39	5.18	3,600	4,000	4,000	4,400	6.9%	41,698	45,033	46,672	44,715	49,632	4.45%
16	SK텔레콤	210,000	169,566	10,000	36.35	20.68	3.92	4.76	10,000	10,000	10,000	10,000	0.0%	171,367	170,918	175,200	168,740	177,437	0.87%
29	삼성화재	193,000	91,433	8,500	47.81	15.18	4.85	4.40	6,100	10,000	11,500	8,500	11.7%	217,291	216,861	220,136	222,090	230,334	1.47%
11	현대차	98,100	209,608	4,000	33.69	10.39	4.32	4.08	4,000	4,000	4,000	4,000	0.0%	919,587	936,490	963,761	968,126	1,057,464	3.55%
22	기아차	31,950	129,514	1,150	38.61	8.97	6.50	3.60	1,100	800	900	1,150	1.5%	495,215	527,129	535,357	541,698	581,460	4.10%
25	LG	64,800	111,817	2,200	34.65	9.34	5.87	3.40	1,300	1,300	2,000	2,200	19.2%	99,653.70	96,738.90	118,410.60	77,433.60	65,753.40	-9.87%

※ 주황색은 전년 대비 마이너스를 뜻한다.

간단히 하기 위해 투자 유니버스를 30개로 했는데, 코스피200처럼 200개를 대상으로 하면 어떤 결과가 나올까? 결과는 다음 표와 같다.

• 시가배당률(DY) 상위 기업(코스피 시총상위 200개 중) •

NO	종목명	현재가	시가총액	보통주 배당금	DY	외국인 비율	PER	ROE	PBR
81	쌍용양회	5,070	25,546	420	8.28%	2.42	18.64	7.02	1.46
40	기업은행	8,280	54,984	670	8.09%	14.61	3.46	7.36	0.25
187	DGB금융지주	5,260	8,897	410	7.79%	45.98	2.72	7.31	0.19
35	우리금융지주	9,130	65,943	700	7.67%	27.46	3.29	N/A	0.31
125	효성	67,300	14,181	5,000	7.43%	7.4	13.68	4.25	0.56
114	BNK금융지주	5,080	16,558	360	7.09%	48.15	2.94	7.07	0.2
30	하나금융지주	29,750	89,322	2,100	7.06%	64.94	3.73	8.77	0.31
49	현대중공업지주	270,500	42,735	18,500	6.84%	18.05	−34.43	2.2	0.52
188	코리안리	7,390	8,895	500	6.77%	29.58	4.71	8.04	0.35
20	KB금융	34,000	141,375	2,210	6.50%	64.62	4.29	8.92	0.34

30개 중 1등이던 KB금융이 턱걸이로 10번째다. 이것도 마찬가지로 최근 5년간 매출액 추이와 배당금 추이를 함께 살펴보면 된다. 이런 간단한 방법으로 초보자가 배우기 복잡하고 어려운 웹크롤링web crawling* 같은 방식을 이용하지 않더라도 투자 유니버스를 원하는 대로 확장하거나 선택할 수 있다. 물론 웹크롤링을 배워서 직접 데이터를 확보할 수 있다면 여러 가지로 유용하긴 하다. 네이버 금융 – 국내증시 화면의 메뉴에서 '시가총액' 옆의 '배당' 탭을 누르면 배당순으로 자동 정렬된 화면을 볼 수 있는데, 굳이

---

* 인터넷에 공개되어 있는 콘텐츠를 프로그래밍을 통해 자동으로 수집하는 것을 말한다.

이런 작업을 직접 해야 하나 의문이 들 수도 있다. 이것은 비교적 안전한 시가총액 상위 종목 중에서 선택하거나, 시가총액 기준으로 적당한 기업을 골라내기 위해서다. 물론 전체에서 배당률이 가장 높은 것을 고려할 때는 '배당' 메뉴에서 선택하면 된다. 하지만 이럴 경우에도 일시적으로 배당이 증가한 것은 충분히 고려해서 골라내야 한다.

이 방법은 미국에서 유명한 '다우의 개' 방법을 국내 코스피 30개 기업에 적용한 것이다. 미국은 S&P500지수나 나스닥지수도 유명하지만, 가장 오래되고 유명한 지수는 다우지수로, 30개의 종목으로 구성된 대표 지수 중 하나다. 다우지수 30개 기업 중 배당수익률이 가장 좋은 몇 개(보통은 10개)의 기업을 골라 1년 동안 투자했다가 다시 1년 후 리밸런싱하는 단순한 투자 방법이 '다우의 개' 전략이다. 2018년 다우지수는 -3.47%, S&P500지수가 -4.56% 수익이었을 때 다우의 개 전략은 0.02% 수익을 거뒀다. 2019년에 다우지수가 25%, S&P500지수가 31.2% 수익이었을 때 다우의 개 전략은 19.7% 수익을 올렸다. 이 전략은 손실을 줄이지만 수익도 줄이기 때문에 변동성이 적은 투자법을 원하는 방어적인 투자자에게 맞는 안정적인 투자 전략이다. 따라서 처음 투자를 시작하는 사람들에게 입문용으로 적당한 방법이다.

투자 방법을 알았으면 이에 만족하지 말고 응용하고 확장해서 자신만의 방법을 스스로 찾아야 한다. 이런 일련의 과정들이 재미있다면 버핏처럼 탭댄스를 추면서 출근할 수 있을 것이다.

공격적인 투자 1: 마법 공식

앞에서 만든 엑셀 파일에서 이제는 PER을 기준으로 숫자 오름차순 정렬을 하고 열 하나를 추가해서 낮은 순으로 1, 2, 3 숫자를 차례대로 기입한다(1, 2를 입력하고 더블클릭하거나 아래로 끌어내리면 자동으로 입력된다). 여기서 주의할 점은 이익이 마이너스라 PER이 음수로 나오는 기업들이 있다. 이 기업들은 제일 마지막 순서의 숫자를 임의로 넣으면 된다(29나 30을 넣는다).

마찬가지로 ROE를 기준으로 이번에는 숫자 내림차순 정렬을 하고 열 하나를 추가해서 높은 순으로 1, 2, 3 숫자를 차례대로 기입한다. 이번에도 1, 2만 입력하고 아래로 끌어내리면 자동으로 입력된다. 마찬가지로 이익이 마이너스라 ROE가 음수인 기업이 있을 텐데, 마지막 숫자를 임의로 넣어두자.

이제 새롭게 열 하나를 추가해서 PER 순서와 ROE 순서의 두 숫자를 합하면 된다. 합한 열을 숫자 오름차순 정렬을 해보면 30개의 기업이 순서(PER이 낮고 ROE가 높은)대로 정렬된다. 상위 5개 기업 중에 시가배당률이 좋은 기업과 겹치는 기업은 KB금융, 신한지주, KT&G 3개다. 다음으로 현대모비스, 기아차, LG생활건강 순이다. 이 작업을 분기에 한 번씩, 1년에 4번 정도 하면 된다.

• PER과 ROE를 이용한 마법 공식 상위 기업(코스피 시총상위 30개 중) •

NO	종목명	현재가	시가총액	보통주 배당금	외국인	PER	ROE	PBR	PER순	ROE순	합
21	KB금융	33,100	137,632	2,210	64.42	4.18	8.92	0.33	1	9	10
19	신한지주	29,750	143,524	1,850	62.65	4.25	9.09	0.36	2	8	10
23	KT&G	84,900	116,561	4,400	44.47	11.03	12.39	1.29	9	3	12
13	현대모비스	193,000	183,456	4,000	45.97	8.54	7.28	0.55	3	12	15
22	기아차	31,950	129,514	1,150	38.61	8.97	6.50	0.45	4	13	17
10	LG생활건강	1,390,000	217,093	11,000	44.21	31.36	20.32	5.47	18	1	19
25	LG	64,800	111,817	2,200	34.65	9.34	5.87	0.60	5	15	20
5	삼성전자우	42,950	353,430	0	88.60	13.70	8.69	1.31	10	10	20
30	삼성전기	121,000	90,379	1,100	31.44	18.18	10.18	1.70	14	7	21
18	삼성에스디에스	185,500	143,536	2,400	11.79	25.33	11.76	2.26	17	4	21

역시 너무 쉬운데 함정은 없을까? 이 방법은 조엘 그린블라트가 창안한 '마법 공식'의 쉬운 버전이다. EBIT/EV와 ROIC를 비교적 계산이 용이한 PER과 ROE로 바꿨는데 두 지표 모두에 들어가는 E(당기순이익 혹은 주당순이익)를 주의 깊게 살펴봐야 한다. 자산 매각에 따른 일회성 영업외이익이 추가됐을 경우 PER과 ROE 수치가 급격하게 좋아진다. 리스트에 올라온 기업을 덜컥 구매하기보단 이런 일회성 이익이 있어서 지표가 좋아지진 않았는지 체크하고 제거해야 한다. PER과 ROE 대신에 PBR과 GP/A로 바꾸어 계산하기도 한다. 이 방법은 한번 고민해보길 바란다.

이 모든 작업을 하는 데 10분이 채 안 걸린다. 간단하게 30개 기업을 대상으로 하고 있지만, 배당 때와 마찬가지로 조금만 수고한다면 모든 주식을 대상으로 할 수도 있고, 시가총액 일정 범위 내의 기업만을 대상으로 할 수도 있다. 조엘 그린블라트의 《주식시장을 이기는 작은 책》을 읽어보면 지금 이야기한 내용을 좀 더 쉽게 이해할 수 있다. 조엘 그린블라트는 워런 버핏의 전략을 오랫동안 연구한 후에 가장 간단하게 적용할 수 있는 공식을 개발했고, 이것을 활용해서 수십 년 동안 아주 높은 수익률을 기록했다. 물론 여기에도 기업의 미래를 예측하는 방법(Forward PER 등)이 적용되면 더 좋은 결과가 나올 수도 있겠지만 미래를 예측하기는 너무 어렵기 때문에 과거의 숫자들만 사용한다.

여기서 한발 더 나아가 조엘 그린블라트가 했던 EBIT/EV와 ROIC로 순위를 매기면 어떻게 될까? 이것이 궁금해야 제대로 투자 공부를 할 수 있다. 앞에서 말했듯이, EBIT/EV와 ROIC 같은 지표는 따로 서비스를 하지 않기 때문에* 이 값들을 구하기 위해서는 30개 기업의 재무제표를 하나하나 열어서 숫자를 직접 계산해야 한다. 이런 일련의 과정들이 지겹거나 고통스럽지 않고 재미있다면 투자에 적합한 성향이라고 볼 수 있다. 대부분의 투자자들은 쉽고 편한 것만 추구하기 때문에, 누군가가 이렇게 성가신 일들을 대신 해주기를 바란다. 버핏은 하루 종일 책상에 앉아서 사업보고서를 펼쳐놓고 이런 일들을 했다.

---

* 조금만 찾아보면 요즘은 유료로 서비스를 하는 곳이 몇 곳 있다. 개인 투자자들은 상대적으로 비용이 저렴한 '아이투자'와 '퀀트킹'을 많이 이용한다. 유료가 싫으면 직접 계산해야 한다. 대부분의 성공한 투자자들은 유료를 사용하거나 자신만의 방법을 가지고 있다.

• EBIT/EV와 ROIC를 이용한 마법 공식 상위 기업(코스피 시총상위 30개 중) •

NO	종목명	현재가	시가총액	보통주 배당금	외국인	PER	ROE	PBR	EBIT/ EV	ROIC	EBIT순	ROIC순	합
25	LG	64,800	111,817	2,200	34.65	9.34	5.87	0.60	19.04%	68.29%	2	2	4
23	KT&G	84,900	116,561	4,400	44.47	11.03	12.39	1.29	10.35%	16.25%	3	4	7
27	LG전자	59,500	97,370	750	31.22	22.14	0.22	0.70	19.96%	13.19%	1	6	7
15	엔씨소프트	787,000	172,778	5,220	51.73	36.03	14.72	6.25	5.45%	195.94%	9	1	10
10	LG생활건강	1,390,000	217,093	11,000	44.21	31.36	20.32	5.47	5.68%	21.42%	8	3	11
22	기아차	31,950	129,514	1,150	38.61	8.97	6.50	0.45	8.07%	9.07%	4	10	14
1	삼성전자	49,900	2,978,921	1,416	54.91	15.92	8.69	1.31	7.28%	10.16%	5	9	14
13	현대모비스	193,000	183,456	4,000	45.97	8.54	7.28	0.55	6.50%	5.86%	7	13	20
30	삼성전기	121,000	90,379	1,100	31.44	18.18	10.18	1.70	5.44%	8.09%	10	12	22
17	POSCO	182,500	159,116	10,000	50.02	10.68	4.18	0.33	6.89%	3.68%	6	17	23

일일이 기업의 재무제표를 열어서 계산을 해봤다. 결과는 위의 표와 같다. ROE와 PER로 계산한 결과와 조금 다른 결과가 나왔지만, 공통적으로 상위권에 있는 기업도 보인다. 엔씨소프트는 유형자산이 별로 없는 게임 개발 업체로 ROIC가 엄청나게 높아 새롭게 리스트에 올라온 것을 볼 수 있다. 비슷한 철학이라고 해도 투자 지표를 어떤 것을 선택하고 어떻게 사용하느냐에 따라 결과가 달라지는 것을 볼 수 있다.

방어적인 투자 2: NCAV

워런 버핏이 1957년 투자조합을 설립하고 가장 먼저 대규모로 투자한 회사는 지도 회사인 샌본 맵이었다. 버핏이 회사의 재무제표를 분석한 결과, 주당현금과 투자자산이 65달러 정도 되는데 주가는 45달러에 거래되고 있었다. NCAVNet Current Asset Value*로 144%가 넘는 수치다. 스승인 그레이엄이 말한 주식의 가격이 회사의 현금자산보다 충분히 작은 기회를 포착한 것이다. 1958년, 버핏은 최대로 주식을 사들였고 결국 전체 지분의 약 43%를 확보하여 이사회에 진출해서 주주들의 주식을 65달러에 회사가 사들일 것을 제안했고, 이를 회사가 수용해 짧은 기간에 44%가 넘는 수익을 냈다.

아쉽게도 앞의 코스피 상위 30개 기업의 '현금+단기금융 투자자산-유이자

---

* 앞에서 순유동자산을 유동자산에서 유동부채를 뺀 값이라고 했는데, 여기서는 그것보다 더 엄격하게 (기업이 가지고 있는 현금+단기금융 투자자산-유이자부채)로 계산했다.

부채'의 값을 시가총액과 비교해본 NCAV로 100%가 넘는 기업은 없었다. 이 작업을 하려면 직접 기업의 사업보고서에 있는 재무제표를 열어서 재무상태표 항목을 하나하나 계산해야 한다. 내가 계산해본 결과는 다음과 같다.

• NCAV 상위 기업(코스피 시총상위 30개 중) •

NO	종목명	현재가	시가총액	보통주 배당금	외국인	PER	ROE	PBR	DY	A/E	OPM	EBIT/ EV	ROIC	NCAV
13	현대모비스	193,000	183,456	4,000	45.97	8.54	7.28	0.55	2.07	0.44	4.28%	6.50%	5.86%	41.68%
1	삼성전자	49,900	2,978,921	1,416	54.91	15.92	8.69	1.31	2.84	0.34	11.65%	7.28%	10.16%	28.10%
18	삼성에스디에스	185,500	143,536	2,400	11.79	25.33	11.76	2.26	1.29	0.37	7.03%	4.51%	−6.93%	24.24%
23	KT&G	84,900	116,561	4,400	44.47	11.03	12.39	1.29	5.18	0.30	26.73%	10.35%	16.25%	21.26%
22	기아차	31,950	129,514	1,150	38.61	8.97	6.50	0.45	3.60	0.94	3.05%	8.07%	9.07%	12.71%
15	엔씨소프트	787,000	172,778	5,220	51.73	36.03	14.72	6.25	0.66	0.37	33.02%	5.45%	195.94%	9.59%
25	LG	64,800	111,817	2,200	34.65	9.34	5.87	0.60	3.40	0.17	38.33%	19.04%	68.29%	8.12%
9	카카오	260,500	226,816	127	31.69	−87.95	−5.81	3.97	0.05	0.57	10.16%	1.44%	3.48%	6.72%
4	NAVER	228,500	375,342	376	57.38	59.00	10.56	5.00	0.16	0.85	12.79%	2.24%	12.51%	6.60%
26	아모레퍼시픽	169,500	99,087	1,000	29.21	62.57	5.36	2.58	0.59	0.31	5.39%	2.23%	5.45%	2.28%

NCAV가 가장 큰 기업은 현대모비스로 시가총액의 41% 정도가 현금과 단기금융 투자자산이다. 18조 원의 시가총액에 7조 원이 넘는 현금을 가지고 있다는 말이다. 두 번째 삼성전자도 시가총액의 28%를 현금과 단기투자자산으로 가지고 있다. 지금과 같이 정보가 모두 실시간으로 공개되고 컴퓨터를 활용한 퀀트가 발달한 시대에는 버핏이 한창 투자했던 1950~1960년대와 같이 NCAV 100% 이상인 저평가된 기업을 찾기가 점점 어려워졌다. 그래서 버핏도 1960년대 중반부터 투자 방법을 바꿔나간 것이다. 투자 방법도 버핏과 같이 시대와 환경에 따라 유연하게 바꾸어야 한다.

과연 2020년 현재 우리나라에도 이렇게 회사의 현금과 투자자산보다 싼 주식이 있을까? 시장에는 합리적으로 설명되지 않는 일들이 늘 존재한다. 놀랍게도 지금도 1,800억 원을 현금으로 쌓아둔 회사의 시가총액이 600억 원이 안 되는 경우도 있다.

자동차 부품을 생산하는 '삼성공조'라는 상장기업이 있다. 이 기업의 재무제표 일부만 뜯어보면, 회사에는 현금 약 72억 원과 1년 이내에 현금화할 수 있는 유동 금융자산 약 878억 원, 비유동 금융자산 약 877억 원 정도가 있다. 투자부동산 8억 5천만 원과 지분법 적용 기업 투자 약 177억 원을 제외하더라도 회사에 현금과 금융자산에 투자한 금액이 약 1,800억 원 정도 있는 것을 볼 수 있다.

· 2020년 1분기 삼성공조 재무상태표 ·

(단위 : 원)

	제51기 1분기 말	제50기 말
자산		
유동자산	118,736,330,284	126,689,287,550
현금 및 현금성 자산	7,241,296,178	6,817,005,481
매출채권 및 기타 채권	13,291,387,855	12,846,150,701
유동금융자산	87,797,286,559	96,323,381,772
재고자산	9,997,256,282	10,349,710,370
기타 유동자산	254,318,079	207,697,018
당기 법인세자산	154,387,331	145,342,208
비유동자산	138,669,160,708	131,741,556,958
유형자산	29,067,859,169	29,713,830,082
무형자산	2,823,464,913	2,822,655,510
투자부동산	854,346,528	856,360,642

지분법 적용 기업 투자	17,677,698,176	17,637,241,061
장기매출채권 및 기타 채권	450,396,191	451,547,426
비유동금융자산	87,687,226,542	80,139,750,318
이연 법인세자산	108,169,189	120,171,919
자산총계	257,405,490,992	258,430,844,508
부채		
유동부채	33,491,387,711	34,986,552,606
매입채무및기타채무	25,520,722,916	26,581,648,427
유동차입금	7,575,000,000	7,575,000,000
당기법인세부채	133,581,670	0
기타유동부채	946,957,418	492,159,610
유동충당부채	315,125,707	337,744,569
비유동부채	4,957,946,736	4,700,962,914
장기매입채무및기타채무	1,335,003,298	1,350,499,054
순확정급여부채	1,554,442,730	959,324,907
이연법인세부채	2,068,500,708	2,391,138,953
부채총계	38,449,334,447	39,687,515,520

출처: 다트, 삼성공조 사업보고서

놀랍게도 이 회사의 시가총액은 현재 500억 원 정도밖에 안 된다. NCAV
로 300%가 넘는다. 네이버에 나와 있는 이 회사의 기업 정보를 보면 본업
의 부진으로 매출이 지속적으로 하락하고 영업이익도 마이너스이며, 이에
따라 주가도 하락하고 있다.

주요 재무 정보	최근 연간 실적			최근 분기 실적				
	2017.12	2018.12	2019.12	2019.03	2019.06	2019.09	2019.12	2020.03
	IFRS 연결	IFRS 연결	IFRS 연결	IFRS 연결	IFRS 연결	IFRS 연결	IFRS 연결	IFRS 연결
매출액(억 원)	918	809	752	196	207	184	165	171
영업이익(억 원)	43	−11	−41	10	−14	−13	−24	−4
당기순이익(억 원)	110	63	50	26	13	7	4	11
영업이익률(%)	4.65	−1.40	−5.42	5.04	−6.65	−6.81	−14.76	−2.47
순이익률(%)	11.97	7.83	6.70	13.14	6.51	3.66	2.68	6.15
ROE(%)	5.55	2.99	2.21	3.34	2.46	1.98	2.21	1.50

출처: 네이버금융

기업의 자산가치를 높게 보는 가치투자를 표명하는 자산운용사와 행동주의 펀드에서 과거에 버핏이 샌본 맵에서 그랬던 것처럼 이 기업에 지분 참여를 하고 주주에게 배당을 더 늘리는 것을 포함하여 회사의 변화를 촉구하기도 했지만 실패한 것으로 알고 있다. 이는 지분 구조를 보면 알 수 있는데, 대주주 지분이 49.82%로 보이지 않는 우호 지분을 고려하면 50%를 넘어서 확실하게 회사를 지배하고 있기 때문이다. 아들의 지분이 장내 매수를 통해 증가하고 있는 것으로 보아 주가가 낮은 상태에 머물러 있을 때 상속 이슈가 있는지도 확인해봐야 한다.

이 방식의 함정은 여기에 있다. 단순히 NCAV 지표나 다른 가치투자 지표들만 보고 저평가를 확신하고 워런 버핏을 생각하면서 투자했다가는 자칫 가치함정에 빠져 장기간 힘든 시간을 보낼 수도 있다. 저평가된 기업도 매출과 영업이익, 당기순이익과 같은 수치들이 꾸준히 우상향하면서 좋은

(기준일: 2020년 03월 31일)   (단위: 주, %)

성명	관계	주식의 종류	소유 주식수 및 지분율				비고
			기초		기말		
			주식수	지분율	주식수	지분율	
고호곤	본인	보통주	2,822,219	34.73	2,822,219	34.73	
고태일	직계비속	보통주	920,133	11.32	977,162	12.02	장내매수
이순옥	배우자	보통주	32,970	0.41	32,970	0.41	–
김형국	친인척	보통주	72,000	0.89	72,000	0.89	–
이재곤	친인척	보통주	72,340	0.89	72,340	0.89	–
이성근	친인척	보통주	71,500	0.88	71,500	0.88	–
고재곤	친인척	보통주	120	0.00	120	0.00	–
계		보통주	3,991,282	49.12	4,048,311	49.82	–
		–	–	–	–	–	–

출처: 다트, 삼성공조 사업보고서

흐름을 유지하고 있는지 꼭 함께 체크해봐야 한다. 자산가치만 볼 게 아니라 수익가치를 함께 따져봐야 하는 것이다. 기업의 경영자를 관찰하고 주주를 대하는 태도가 어떤지에 대한 정성적 분석도 정량적 분석만큼 중요하다. 그래서 벤저민 그레이엄은 이 방법을 사용하면서도 2~3년간 가격이 꿈쩍도 하지 않는 기업은 바로 매도했고, 자신이 틀릴 것을 염두에 두고 여러 개의 기업에 분산투자했다.

상장기업 전체를 가지고 벤저민 그레이엄의 청산가치((유동자산-총부채)/시가총액)로 상위 기업을 검색해보면 어떤 기업들이 있을까? 단순히 청산가치만 고려하지 않고 현재 돈을 제대로 벌지 못하는 기업을 골라내기 위해 몇 가지 조건을 추가했다. 1) ROE와 영업이익률이 최소 5% 이상일 것, 2) 주주를 위해 배당은 지급해야 할 것, 3) 부채비율이 100% 미만일 것. 이

NO	회사명	ROE	PER	PBR	DY	A/E	ROIC	NCAV
1	동원개발	10.7%	3.57	0.38	4.69	21%	13.8%	246%
2	SJM	5.6%	4.25	0.24	4.43	24%	8.1%	215%
3	태광산업	5.0%	4.51	0.23	0.20	25%	7.9%	198%
4	미창석유	5.2%	7.52	0.39	3.44	15%	7.3%	165%
5	현대비앤지스틸	5.6%	4.69	0.26	1.40	51%	6.4%	156%
6	대창단조	8.4%	4.56	0.39	4.62	30%	10.4%	144%
7	삼양통상	12.1%	3.91	0.47	1.92	14%	14.4%	143%
8	코텍	8.9%	5.02	0.45	4.41	14%	11.0%	139%
9	코메론	9.6%	5.21	0.50	2.67	11%	11.7%	128%
10	동양이엔피	13.5%	3.15	0.43	2.40	33%	16.2%	111%
11	코프라	8.5%	6.91	0.59	2.38	40%	9.9%	111%

렇게 3가지를 충족시키면서 청산가치가 100%를 넘는 기업은 위와 같다.

계산해서 나온 청산가치는 유동자산에서 총부채를 뺀 수치이므로, 유동자산에 포함되는 매출채권과 재고자산의 규모도 체크해봐야 한다. 현금과 투자자산이 많을수록 수치가 올라가지만 부실 매출채권과 환금성이 떨어지는 재고자산이 많은 경우에도 수치가 올라가기 때문에 주의해야 한다. 워런 버핏이 투자 기업을 골랐을 때 흔히 볼 수 있었던 PER 2 이하의 기업은 현재 찾을 수 없지만, 대체로 PER이 낮은 것을 볼 수 있다. 가치투자자들은 이렇게 뽑은 기업 리스트를 바탕으로 하나씩 정성적인 기업 분석을 해가면서 저평가된 좋은 기업을 찾는 방법으로 많이 사용하고 있다. 게다가 일시적으로 높아진 것이 아니라 꾸준히 ROE나 ROIC가 높은 기업을 찾아보면 싸고 좋은 기업들을 골라낼 수 있다.

공격적인 투자 2: 워런 버핏 방식

2004년 버핏의 한국 주식 투자 방법

버핏은 당시 지인 중 한 사람에게서 한국 투자를 권유받은 뒤 씨티은행에서 발행한 한국 상장주식 소개 책자를 4시간 동안 살피고 PER, PBR로 싼 기업 20개를 골라 모두 1억 달러를 나누어 투자했다. 균등하게 투자했다면 한 기업에 대략 50억 원 정도를 투자한 셈이다. 그때 버핏이 투자한 기업 중 하나인 대한제분을 살펴보면 EPS 1만 8천 원에 BPS 20만 원, 주가가 4만 원이었다(ROE 9%, PBR 0.2, PER 2.22). 이처럼 당시 우리나라에도 PER이 3도 안 되는 저평가된 기업들이 많았으므로, 사업의 내용이나 비즈니스 모델에 대한 심층적인 분석 없이 그저 벤저민 그레이엄에게서 배운 대로 저PER, 저PBR 주식을 정량적인 분석을 통해 골라내기만 했다. 지금도 버핏은 만일 100만 달러 미만의 돈을 투자한다면 위험이나 레버리지를 사용하지 않고도 지수를 10%p 넘는 수익을 올릴 자신이 있다고 말했는데, 아마도 벤저민 그레이엄에게 배운 방법을 염두에 두고 한 말이다.

> "투자 경력에서 최고의 수익률을 올렸던 때는 1950년대였습니다. 지금도 자본금 100만 달러 정도면 1년에 50% 정도의 수익률은 올릴 수 있을 것 같습니다. 아니, 충분히 할 수 있습니다. 장담합니다."
>
> – 워런 버핏, 〈비즈니스위크〉 인터뷰 중

가재 한 마리를 잡기 위해서는 수많은 돌멩이를 뒤집어야 한다. 마찬가지로 투자에서도 남들이 모르는 소외되고 싼 기업을 찾기 위해서는 수많은 사업보고서를 읽으면서 직접 찾아야 한다. 버핏처럼 많은 경험이 쌓이면 짧은 시간 안에 많은 기업을 골라낼 수도 있다. 특히 요즘에는 컴퓨터를 활용해 과거에 많은 시간이 걸렸던 작업들을 빠른 시간에 처리할 수 있다. 투자에 퀀트식 접근 방법을 적극적으로 추가해야 하는 이유다. 앞서 제시한 공격적 투자 방법 1인 마법 공식도, 따지고 보면 워런 버핏의 전략을 퀀트로 해석해서 고ROE인 동시에 저PER 주식들을 골라내는 전략이다. 조엘 그린블라트가 워런 버핏을 철저히 분석해서 자신만의 전략으로 개발한 것이다. 그는 이 단순한 전략으로 수십 년간 40% 이상의 수익을 달성했다.

워런 버핏 방식

현재 버핏의 자산 규모나 운용 자금의 크기를 생각해보면, 언젠가 그가 인터뷰에서 밝혔듯이 전 세계에서 투자할 만한 기업은 200개 내외로 좁혀진다. 만일 그의 투자 유니버스가 코스피 상위 30개밖에 없다면 30개 중 어떤 기업을 고를까? 여기서는 단순히 저PER, 저PBR을 고르는 전략보다는 앞에서 이야기했던 워런 버핏의 좋은 기업을 고르는 기준을 먼저 적용해보자.

첫 번째, 5년 평균 15% 이상 ROE를 적용하기 위해 현재 ROE가 15% 이상인 기업을 골라보니, 이 조건만으로 단 한 개 기업이 남았다. LG생활건강이다. LG생활건강의 최근 5년과 10년 ROE를 보니 놀라운 기업이다. 아이투자* 사이트에 들어가면 각 기업의 과거 가치지표들을 쉽게 조회해볼 수 있다. 고맙게도 무료로 서비스하고 있고 많은 뉴스와 정보들이 가득 차 있으므로, 가치투자자라면 꼭 즐겨찾기를 하고 자주 들어가야 하는 곳이다.

연간 탭을 클릭하고 ROE를 조회해보면 매년 15 이상을 유지하고 있음을 볼 수 있다. 이 회사는 앞서 5년 동안 ROE 15 이상인 11개 기업의 리스트에도 들어 있다. 과거에는 ROE가 29까지 갔다가 조금씩 줄어들어 18까지 오긴 했지만, 20조 원이 넘는 시가총액을 감안해봐도 여전히 놀라운 숫자다. 좋은 가격인지는 모르겠지만 꼭 분석해봐야 할 좋은 기업임에는 틀림없다.

ROE 15 이상은 단 한 개의 기업밖에 없으므로 조건을 조금 완화해서 ROE 10 이상으로 내리고 부채비율 80% 이하와 20% 이상 마진을 적용해보면, KT&G와 엔씨소프트, 셀트리온 3개 기업만 남는다. LG생활건강과 함께

---

* http://www.itooza.com

투자지표	20.03월	19.12월	18.12월	17.12월	16.12월	15.12월	14.12월	13.12월	12.12월	11.12월	10.12월	09.12월
주당순이익(EPS, 연결지배)	13,016	43,916	38,534	34,226	32,070	25,982	19,722	20,166	17,154	14,941	13,016	9,018
주당순이익(EPS, 개별)	11,542	35,155	34,194	33,618	28,737	17,268	14,072	9,988	11,728	10,738	8,415	9,654
PER(배)	N/A	25.31	25.19	30.62	23.56	35.62	27.85	23.95	33.76	28.76	26.41	N/A
주당순자산(지배)	240,159	234,042	198,221	169,108	142,927	114,985	92,417	79,516	67,816	56,295	44,482	34,329
PBR(배)	4.11	4.75	4.90	6.20	5.29	8.05	5.94	6.07	8.54	7.63	7.73	N/A
주당 배당금	N/A	11,000	9,250	9,000	7,500	5,500	4,000	3,750	3,750	3,500	2,650	2,500
시가 배당률(%)	N/A	0.9	0.8	0.8	0.9	0.5	0.6	0.7	0.6	0.7	0.7	0.9
ROE(%)	N/A	18.76	19.44	20.24	22.44	22.60	21.34	25.36	25.30	26.54	29.26	26.27
순이익률(%)	12.16	10.12	10.12	9.93	9.32	8.64	7.47	8.26	7.80	7.66	8.16	7.21
영업이익률(%)	22.78	18.94	18.75	18.74	17.87	15.28	12.30	10.64	12.11	12.44	11.96	12.99
주가	1,120,000	1,261,000	1,101,000	1,189,000	857,000	1,050,000	623,000	548,000	657,000	487,500	390,000	291,000

4개 정도의 후보군을 두고 정성적인 분석을 해본다면 워런 버핏이 투자할 만한 기업을 고를 수 있을 것이다.

30개의 기업을 대상으로 투자 기업을 고르는 방법을 쉽고 간단하게 예시를 들었지만, 전체 기업을 대상으로 자신이 투자할 기업을 고르는 방법도 이것과 크게 다르지 않다. 다만 대상이 30개에서 2천 개로 늘어날 뿐이다. 정량적으로 걸러내고 뽑아내는 것은 정성적인 분석과 기업의 과거를 바탕으로 미래를 예측하는 통찰력을 발휘해야 하는 과정에 비하면 정말 쉬운 일이다. 수익률의 눈높이만 조금 낮춘다면 지금과 같은 단순 작업만으로도 좋은 기업들을 잘 골라낼 수 있다.

2천 개 이상의 상장기업 중에 2019년 ROE가 15% 이상이고 최근 5년 동안 ROE가 최소 8% 이상을 유지했으며 부채비율이 80% 미만이고 영업이익률이 20% 이상인 기업을 골랐더니, 5개 기업만 남았다. 리노공업, 케이아이엔엑스, 이크레더블, 네오팜, 한국기업평가다. 이 기업들을 잘 분석해보면 좋은 기업의 조건에 대해 많은 것을 건질 수 있다. 워런 버핏을 추종하는 사람이라면 위 기업 중 최소 한 개 정도는 만났을 것이라고 생각한다.

이처럼 모든 상장기업의 가치지표를 볼 수 있는 방법은 없을까? 앞에서 설명한 대로 네이버금융으로 들어가서 '국내증시' 메뉴를 클릭한 후, 왼쪽 메뉴 중 '시가총액'을 선택하고, 항목을 시가총액, 외국인 비율, 보통주배당금, PER, ROE, PBR의 6개로 설정하면 모든 상장기업의 PER, ROE, PBR을 조회해볼 수 있다.

또 다른 방법으로는 한국거래소 홈페이지*에 들어가서 메뉴의 시장정보

---

*   http://www.krx.co.kr

- 통계 - 주식 - 투자참고를 차례대로 클릭하면 화면번호 30009번 PER/PBR/배당수익률(개별종목)로 연결된다. 네이버금융과 달리 한국거래소에서는 과거 특정한 날짜의 PER/PBR/배당수익률과 ROE를 조회해서 엑셀로 내려받을 수 있고, VLOOKUP과 같은 간단한 엑셀함수를 배워서 이용하면 1년 간격의 지표들을 하나의 엑셀 시트로 통합할 수도 있다. 그리 어렵지 않으니 VLOOKUP 함수를 익혀서 꼭 직접 해보기 바란다. 컴퓨터를 잘 다루지 못하더라도 이런 방법은 조금만 검색해보면 쉽게 할 수 있으니 너무 겁먹지 말길 바란다. 남이 해준 게 아니라 자신의 손으로 데이터를 직접 만져보는 것은 투자에서 정말 중요한 일이다.

나의 방식

퀸트 방식으로 좋은 기업을 골라내는 나만의 방식이 하나 있다. 주위에서 누군가 좋은 기업이 있다고 소개해주거나 전문가의 추천을 들으면, 나는 우선 4개의 지표 값을 계산해서 전부 더한 값이 100을 넘는지부터 살펴본다. 4개의 지표는 필립 피셔가 강조한 OPM(영업이익률)과 마법 공식에서 나왔던 EBIT/EV, ROIC, 그리고 벤저민 그레이엄과 초기 버핏이 좋아했던 NCAV다. 마법 공식과 벤저민 그레이엄 방식을 혼합하고 영업이익률을 추가한 것이다. 만일 영업이익률이 10%, EBIT/EV가 20%, ROIC가 30%, NCAV가 시가총액의 40%라고 한다면 모두 더해서 100이라는 숫자가 나온다. 나는 이 숫자가 100이 넘어가는 기업은 따로 모아두고 정성적인 분석으로 들어간다. 정성적인 기업 분석 방법은 뒤에서 예를 들어 자세히 설명할 것이다.

다시 한번 강조하지만 이런 퀸트 방식을 사용할 때 특히 주의할 점은 이 숫자들은 과거의 숫자들이란 점이다. 이 숫자가 100을 넘어 아무리 매력적이라고 하더라도 향후 이 기업의 전망이 나빠지고 실적이 망가지면 순식간에 50 밑으로 떨어질 수 있다. NCAV가 100%를 넘어 좋은 숫자인 기업이 경영자의 잘못된 판단에 의한 자본 배치로 다음 해 10% 이하가 될 수도 있다. 그래서 반드시 정량적인 분석과 정성적인 분석이 함께 이루어져야 한다. 투자는 미래를 예측하는 게임이지, 과거를 확인하는 게임이 아니다.

코스피 상위 30개의 기업을 나의 방식(합으로 내림차순 정렬)으로 정렬해 보면 다음과 같다.

• 나만의 방식으로 뽑은 상위 기업(코스피 시총상위 30개 중) •

NO	종목명	현재가	시가총액	보통주 배당금	외국인	PER	ROE	PBR	DY	A/E	OPM	EBIT/EV	ROIC	NCAV	10Y ROE	합
15	엔씨소프트	787,000	172,778	5,220	51.73	36.03	14.72	6.25	0.66	0.37	33.02%	5.45%	195.94%	9.59%	16.58%	244
25	LG	64,800	111,817	2,200	34.65	9.34	5.87	0.60	3.40	0.17	38.33%	19.04%	68.29%	8.12%	10.42%	134
23	KT&G	84,900	116,561	4,400	44.47	11.03	12.39	1.29	5.18	0.30	26.73%	10.35%	16.25%	21.26%	15.76%	75
13	현대모비스	193,000	183,456	4,000	45.97	8.54	7.28	0.55	2.07	0.44	4.28%	6.50%	5.86%	41.68%	14.62%	58
1	삼성전자	49,900	2,978,921	1,416	54.91	15.92	8.69	1.31	2.84	0.34	11.65%	7.28%	10.16%	28.10%	15.53%	57
4	NAVER	228,500	375,342	376	57.38	59.00	10.56	5.00	0.16	0.85	12.79%	2.24%	12.51%	6.60%	34.04%	34
10	LG생활건강	1,390,000	217,093	11,000	44.21	31.36	20.32	5.47	0.79	0.50	17.60%	5.68%	21.42%	-0.04%	23.41%	45
6	셀트리온	213,000	287,421	48	20.27	84.73	11.19	9.83	0.02	0.37	32.24%	1.64%	11.40%	0.52%	13.04%	46
22	기아차	31,950	129,514	1,150	38.61	8.97	6.50	0.45	3.60	0.94	3.05%	8.07%	9.07%	12.71%	14.38%	33
18	삼성에스디에스	185,500	143,536	2,400	11.79	25.33	11.76	2.26	1.29	0.37	7.03%	4.51%	-6.93%	24.24%	11.21%	29

100을 넘는 기업은 단 2개, 엔씨소프트와 LG다. 다음 차례가 75점인 KT&G로, 앞서 워런 버핏 방식으로 조건을 조금 낮춰서 나온 4개 기업 중에서 엔씨소프트와 KT&G가 내 조건과 겹친다. 내가 시가총액 상위 30개

기업 중에서 투자할 기업을 골라야 한다면 이 두 기업을 더욱 자세하게 분석해서 매수 여부를 고려해볼 것이다.

이상으로 투자 기업을 직접 고르는 방법에 대해 대가들의 방법을 위주로 설명했다. '시가총액 상위 30개 기업을 대상으로 고른다면 어떤 방법을 사용할까?'라는 단순화한 방법을 사용했지만, 누누이 강조했듯이 2천 개 기업 전체를 대상으로 하더라도 방법은 똑같다. 그리고 필연적으로 집중투자를 하기 위해서는 기업에 대한 정성적인 분석이 함께 따라야 한다. 그런 분석 과정은 많은 학습과 에너지와 통찰력을 필요로 한다. 그럴 자신이 있는 사람이라면 실제 기업 분석 사례를 참고해서 자신만의 기업 분석법을 개발하면 된다. 그러나 자신이 없다면 위에서 설명한 방법과 함께 다음 장에서 설명하는 방법을 참고하기 바란다. 주식투자의 방법은 아직 많이 남아 있다.

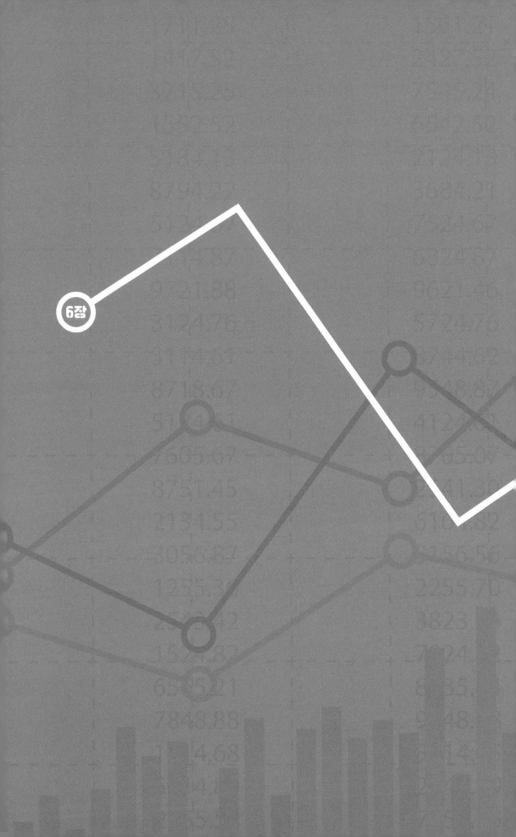

6장

투자 기업을 직접 고르지 않고
투자하는 방법

"현금의 가치는 이자에 있는 것이 아니다.
현금을 보유하고 있을 때 생기는 유연성과 여러 선택권에 있다."
– 찰리 멍거

투자는 미래의 불확실성에 베팅하는 것이기 때문에, 투자에 뛰어들었다면 불확실성과 변동성은 함께 가야 하는 친구다. 불확실성이 높아지고 사람들의 행동이 위험 감수에서 위험 회피로 바뀌면 경제 순환 주기가 바뀐다. 변화는 예상치 못하게 갑작스럽게 시작되고, 시장에 큰 혼란을 가져오기도 한다. 최근 코로나19가 투자자들에게 어떤 영향을 끼쳤는지를 보면 잘 알 수 있다. 갑작스러운 변화가 시장에 항상 일어나는 일이라면 어떻게 대비해야 할까?

다음 3가지를 명심하자.

첫째, 모든 위험으로부터 보호할 수 있는 완벽한 포트폴리오는 없다는 것이다. 르네상스 테크놀지의 창업자 짐 사이먼스는 이렇게 말했다. "예측 부분에 관해서는 정교한 방정식이 없습니다."

둘째, 시스템 자체에 변동성이 내장되어 있고 불확실성과 연결되어 있음을 인정해야 한다.

셋째, 일부 손실이 불가피하다는 점을 인정해야 한다.

어떻게 포트폴리오를 구성하더라도 자신의 포트폴리오가 완벽하지 않을 것임을 알고, 일정 기간 동안에는 다른 자산보다 나빠질 수 있지만 시간이 지남에 따라 승리할 것이라는 믿음을 가지고 최고의 포트폴리오를 만들려고 노력해야 한다. 피할 수 없는 변동성과 시간이 합쳐졌을 때 수익이 날수 있는 포트폴리오를 구축하는 방법에는 어떤 것이 있을까? 다행스럽게도 우리보다 앞서 투자에 나섰던 투자의 대가들도 똑같은 고민을 했고, 그에 대한 답을 몇 가지 남겨주었다.

먼저 인덱스 투자 방법이 있다. 워런 버핏도 자신의 사후에 유산 중 90%는 인덱스에, 10%는 단기채권에 투자하는 포트폴리오를 추천했다. 하지만 인덱스에 투자하기 전에 꼭 알아야 할 점이 있다. 만약 인덱스에 투자하기로 마음먹었다면 인덱스로는 결코 시장을 이길 수 없다는 것을 기억해야한다. 그리고 이런 투자 방법은 지루하고 재미가 없을 수도 있다. 가슴이 뛰는 경험을 원한다면 다른 방법을 찾아야 할 것이다.

인덱스를 추종하기로 결정했다면, 본인의 목표수익률이 10% 이하, 정확히는 4~8%인지 꼭 확인해야 한다. 인덱스를 추종한다면서 10% 이상의 수익을 기대하면 안 된다. 시장이 하락하면 당연히 인덱스 수익률도 마이너스를 기록할 수 있다. 버핏은 많은 투자 경험과 투자 지식을 학습한 후에 인덱스로 대표되는 시장을 본인의 투자 기법으로 최소 10%p 이상 이길 수 있겠다는 믿음을 가진 뒤에야 본격적으로 투자를 시작했다. 마찬가지로 본인이 직접 주식투자를 한다면 기본적으로 시장을 최소한 5%p 이상은 이길수 있다는 자신감이 있어야 한다. 그러기 위해서는 엄청난 학습과 경험이 필요하다.

퀀트 분석으로 유명한 오하이오 주립대학의 루 장 교수는 시중에 나와 있는 퀀트 전략을 모두 백테스팅해본, 그야말로 퀀트 전문가다. 정작 본인은 어떻게 투자하는지 물었더니 인덱스 투자나 소형주펀드 그리고 밸류펀드에 투자한다고 말했다. 퀀트로 개별 주식을 선별하는 데 최고의 전문가가 왜 그런 투자를 하느냐고 묻자, 자기는 게으르고 개별 주식들을 골라 직접 투자하기에는 많은 시간과 에너지가 필요한데, 본인의 자산이 그렇게 많은 에너지를 쏟을 정도는 아니라고 대답했다. 자산이 크지 않고 직장 생활을 하면서 많은 시간을 주식투자에 할애할 수 없는 일반 개인 투자자들에게 투자 기업을 직접 고르지 않고 투자하는 방법을 권하는 이유다.

처음 주식투자를 고려하는 초보자들이라면 지금 이야기하는 방법들을 먼저 접하는 것이 좋다. 그 후에 투자 기업을 고르는 방법을 활용해서 자신이 좋은 기업이라고 생각하는 기업들을 하나씩 분석해서 좋은 가격에 들어왔을 때 매수하는 방법을 단계적으로 밟아나가면 좋을 것이다.

인덱스 투자

2007년, 워런 버핏은 헤지펀드 운용사 프로테제 파트너스와 향후 10년간의 투자수익률을 놓고 세기의 대결을 시작했다. 버핏은 S&P500 인덱스펀드에 투자하고 프로테제는 5개의 헤지펀드 묶음에 투자해서 누가 더 나은 수익률을 거둘지 내기한 것이다. 그로부터 10년 후, 결과는 모두가 아는 대로 워런 버핏이 이겼다. 인덱스 투자는 헤지펀드의 머리 좋은 투자자들을 상대로 쉽게 승리했다. 버핏은 과거의 데이터를 바탕으로 투자자가 시장(인덱스)을 10년 이상 꾸준히 이기는 것은 무척 힘들다는 것을 알고 있었다. 워런 버핏과 헤지펀드 프로테제와의 10년 대결에서 눈여겨봐야 할 대목은 다음과 같다. 이 내기는 복기할수록 배워야 할 점이 정말 많다.

1. 10년 후 상금 100만 달러를 만들기 위해 2007년 내기를 시작할 때 양쪽이 각각 32만 달러씩 총 64만 달러를 모아 이것을 미국 국채에 투자했다. 64만

달러가 10년 후 100만 달러가 되기 위해서는 연평균 4.56%의 수익률이 필요하다.

2. 버핏은 뱅가드가 운용하는 S&P500 인덱스펀드(VFNX 같은)를 선택했고, 프로테제는 잘 고른 헤지펀드 5개에 분산투자했다. 버핏이 인덱스펀드를 선택한 것은 경제와 기업에 대해 잘 모르는 일반 투자자의 입장을 대변한 것이다. 2017년 말 버핏의 인덱스펀드는 연평균 7.1%의 수익률을, 헤지펀드 5개는 연평균 2.2%의 수익률을 기록해서 버핏의 승리로 끝났다.

3. 상금을 국채에 투자해 불리는 것은 고정된 이자로 계획된 기간 동안 운용하여 기대하는 금액을 안전하게 운용하기 위한 선택이었다. 그런데 2008년 금융위기 이후(당시 버핏이 선택한 인덱스의 MDD도 -50%까지 하락했다) 금리가 하락하면서 채권 가격이 올라 미리 채권에 투자했던 64만 달러가 예상보다 빨리 100만 달러가 되었고, 2012년에 채권에 투자하고 있던 돈을 버핏의 회사인 버크셔 해서웨이 B주로 바꾸어 투자하기로 양측이 합의했다(탁월한 결정이었다!).

4. 2007년 채권에 투자한 64만 달러가 2012년 100만 달러가 되고(연평균 9.34%), 이것을 다시 버크셔 해서웨이 B주에 투자해서 2017년에 222만 달러로 증가(연평균 17.29%)했다. 결과적으로 원금의 246.8%의 수익을 남겨 10년 평균 13.24%의 수익률을 기록했다. 내기의 두 당사자가 선택했던 인덱스펀드 7.1%, 5개 헤지펀드 2.2%보다 월등한 수익을 달성함으로써 진정한 승자는 버핏이 상금을 기부하기로 한 '걸스 오브 오마하'가 됐다. 애초 100만 달러를 기부받기로 했는데, 222만 달러(약 24억 원)로 늘었다.

5. 하지만 버핏의 과거 연평균 수익률에는 모두 미치지 않는다. 다만 순수하게 버핏의 입장에서만 보면, 본인의 돈 32만 달러를 이자가 하나도 없는 레

버리지 100%를 써서 10년 동안 222만 달러로 불린 셈이라, 연평균 수익률 21.37%로 본인의 역대 연평균 수익률과 거의 비슷해진 셈이다.

버핏이 직접 10년간의 내기를 통해 증명했듯이, 인덱스펀드에 투자만 하더라도 7% 내외의 수익을 얻을 수 있었다. 물론 이 수치는 미국 주식시장에 투자했을 때의 이야기이고, 이제는 과거의 사례가 됐다. 지금은 해외 투자를 하기가 과거에 비해 무척 쉬워졌고 장애도 많이 없어졌기 때문에, 인덱스펀드에 투자하기를 고려하고 있다면 국내 인덱스펀드뿐만 아니라 미국 인덱스펀드를 포함하여 해외 시장까지 투자 대상으로 적극 고려하기를 권한다. 요즘은 미국 시장을 추종하는 ETFExchange Trade Fund*들도 많이 나와 있고 일반 펀드에 비해 비용도 아주 저렴한 편이다. 특히 미국 시장에 투자하게 되면 환을 헤지Hedge**하지 않고 노출함으로써, 국내 주식시장이 급락하고 원화 환율이 급등(평가절하)하는 순간에도 달러 가치 상승으로 좋은 헤지 전략이 될 수도 있다. 투자에 대한 공부를 하지 않으면서도 주식투자를 하고 싶은 직장인들에게 단순하면서도 좋은 투자법이다.

---

* 상장지수펀드로, 인덱스펀드처럼 지수를 모방하지만 주식처럼 거래소에 상장되어 쉽게 매매할 수 있는 펀드다. 매매가 쉽고 거래 비용이 적은 장점이 있다.

** 울타리라는 뜻으로, 금융에서 헤지는 가치 하락의 위험으로부터 자산을 보호하는 것을 말한다.

벤저민 그레이엄의 60/40

버핏의 스승 벤저민 그레이엄은 《현명한 투자자》에서 단순히 주식이 위험하고 채권이 안전한 게 아니라고 강조하면서, 목표수익률은 투자자가 기꺼이 투입할 수 있는 지적 노력의 양에 비례해야 한다고 강조했다. 본인이 열정과 에너지를 투입해서 지적 노동을 통해 발굴한 저평가주식이라면 고정된 수익을 약속하는 채권보다 훨씬 안전한 투자가 될 수 있다는 말이다. 하지만 대부분의 일반인들은 지적 노력을 기울일 시간도, 열정도 부족하기 때문에 그레이엄은 그런 사람들을 위한 방어적 투자 전략을 친절하게 가르쳐주었다. 방어적 투자자는 우량등급 채권과 우량주(국내의 경우 코스피200지수)로 포트폴리오를 구성해서 주식 비중을 25~75%, 채권 비중은 그에 따라 75~25%로 유지할 것을 권했다. 저평가 주식이 시장에 많으면 주식 비중을 50% 이상으로 늘리고 반대로 주가가 많이 올라 지수가 고평가되었을 때는 주식 비중을 50% 이하로 낮추는 비교적 단순한 전략이다.

그레이엄은 일반인이 공포와 탐욕에 빠지지 않고 자율적으로 고평가와 저평가를 판단해 주식 비중을 조절하는 것이 불가능에 가깝다는 것을 알고 있었기 때문에, 그에 대한 솔루션으로 50/50 전략을 추천했다. 포트폴리오 리밸런싱 주기를 정해놓고 주식이 상승해서 포트폴리오 비중이 60%가 되면 일부를 팔아서 포트폴리오 주식과 채권의 비중을 다시 50 대 50으로 맞추어놓는 전략이다. 현대 금융 이론에서는 주식 60% 대 채권 40%인 60/40 전략을 황금비율로 본다.

지난 1976년부터 현재까지, 주식 100%에서 주식10%/채권90%까지 각각의 비중별 연평균 수익률은 다음 표와 같다. 주식의 비중이 커질수록 수익률도 높아지긴 하지만 변동성도 커지고 MDD도 증가한다. 따라서 보수적이고 방어적인 투자자일수록 채권 비중을 높여서 변동성을 줄이는 전략을 선택하는 게 나을 것이다.

• 1976년부터 현재까지의 주식/채권 비중별 수익률 •

주식/채권비중	CAGR	$1 투자했을 때	MDD
100% 주식	11.60%	$126.18	−50.9%
90/10	11.30%	$111.90	−46.2%
80/20	10.96%	$98.02	−41.3%
70/30	10.60%	$84.86	−36.1%
60/40	10.21%	$72.64	−30.8%
50/50	9.79%	$61.48	−25.2%
40/60	9.35%	$51.47	−19.4%
30/70	8.88%	$42.62	−13.4%
20/80	8.39%	$34.92	−10.7%
10/90	7.88%	$28.30	−11.6%

출처: 마이클 배트닉(Michael Batnick), https://theirrelevantinvestor.com

앞에서 설명했던 버핏의 3가지 투자 방법을 보면, 버핏은 워크아웃 그룹을 일종의 채권투자 방법의 변형으로 응용한 것 같다. 시기가 정해진 확실한 5~7%의 채권투자를 완벽하게 대체해서 포트폴리오의 수익률을 극대화하면서 동시에 변동성을 최소화시켰다. 버핏은 스승의 장점을 확실하게 계승해서 완전히 새롭게 재창조해 자신만의 버핏웨이를 만든 것이다.

포트폴리오 비주얼라이저*라는 사이트가 있다. 이곳에 들어가면 무료로 여러 가지 전략들을 마음대로 백테스트할 수 있기 때문에, 자신의 전략을 검증하고 싶다면 즐겨찾기 해놓고 들어가서 직접 해보기 바란다. 한 달에 19달러 정도를 내면 여러 추가 기능들도 쓸 수 있다. 앞에서 이야기한 우리나라 인덱스 투자와 미국 인덱스 투자 그리고 미국 주식과 미국 채권에 60/40으로 투자한 전략들의 수익률을 비교해보자.

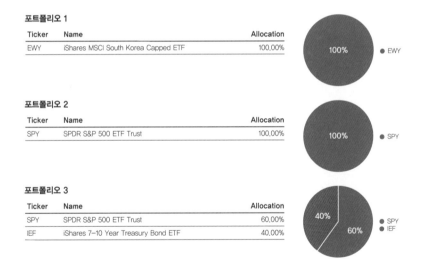

포트폴리오 1

Ticker	Name	Allocation
EWY	iShares MSCI South Korea Capped ETF	100.00%

포트폴리오 2

Ticker	Name	Allocation
SPY	SPDR S&P 500 ETF Trust	100.00%

포트폴리오 3

Ticker	Name	Allocation
SPY	SPDR S&P 500 ETF Trust	60.00%
IEF	iShares 7–10 Year Treasury Bond ETF	40.00%

---

*   https://www.portfoliovisualizer.com

포트폴리오 1은 우리나라 지수 ETF인 EWY에 100% 투자한 것이고, 포트폴리오 2는 미국 지수 ETF인 SPY에 100% 투자한 것이다. 끝으로 포트폴리오 3은 미국 주식(SPY)에 60%, 미국 채권(IEF)에 40% 투자했다. 매년 한 번씩 포트폴리오를 리밸런싱했고, 배당수익은 모두 재투자했다고 가정하고, 3가지 포트폴리오의 2003년부터 현재까지의 수익률을 비교해보자.

포트폴리오 수익률

포트폴리오	시작 금액	최종 금액	CAGR	표준편차	최고의 해	최악의 해	MDD	샤프지수	소르티노지수	미국시장상관계수
EWY	$10,000	$38,436	8.00%	26.53%	71.76%	−55.97%	−70.13%	0.38	0.57	0.73
SPY	$10,000	$49,420	9.56%	14.05%	32.31%	−36.81%	−50.80%	0.63	0.92	1.00
60/40	$10,000	$40,740x	8.36%	7.86%	21.95%	−14.92%	−26.78%	0.90	1.39	0.94

출처: 포트폴리오 비주얼라이저

포트폴리오 성장

출처: 포트폴리오 비주얼라이저

2003년부터 우리나라 주식에 투자한 포트폴리오 1의 연평균 수익률은 8%, 미국 주식에 투자한 포트폴리오 2의 연평균 수익률은 9.56%, 60/40 전략의 포트폴리오 3의 수익률은 8.36%로 비슷비슷하다. 하지만 변동성을 나타내는 표준편차(Stdev)와 가장 많이 하락한 정도를 나타내는 MDD, 그리고 위험을 고려한 샤프지수나 소르티노지수를 비교해보면 우리나라 주식보다는 미국 주식이, 미국 주식 100% 전략보다는 60/40 전략이 훨씬 변동성이 적고 위험 대비 수익률도 좋은 것을 알 수 있다. 워런 버핏과 찰리 멍거는 개별 주식에 투자하더라도 짧은 기간에 주가가 -50% 빠질 때도 있는데, 그 회사에 확신이 있다면 별로 스트레스를 받을 일이 아니라고 했다. 하지만 이 기간 동안 우리나라 시장의 MDD는 무려 -70%가 넘는데, 이런 하락에도 스트레스를 받지 않을 사람이 얼마나 될지 정말로 궁금하다.

시기를 2003년부터가 아닌 내가 주식투자를 시작했던 2007년부터 다시 계산해보면 완전히 다른 숫자가 나타난다. 아래 그림과 같이 미국시장과 우리나라 시장의 수익률 격차가 훨씬 커진 것을 볼 수 있다. 이렇듯 백테스트는 기간을 어떻게 하느냐에 따라 완전히 다른 결과를 보여줄 수도 있다. 과거가 항상 미래를 보장하지 않는다는 것을 반드시 염두에 두어야 한다. 과최적화가 되지는 않았는지, 특정 기간 동안에만 좋은 결과가 나온 것은 아닌지 끊임없이 의심하고 보완해야 한다. 과거의 추세도 중요하지만, 더 중요한 것은 과거가 아니라 앞으로 닥칠 미래다. 투자는 미래를 예측하는 게임이다.

포트폴리오 수익률

포트폴리오	시작 금액	최종 금액	CAGR	표준편차	최고의 해	최악의 해	MDD	샤프지수	소르티노지수	미국시장 상관계수
EWY	$10,000	$13,917	2.48%	27.28%	71.76%	−55.97%	−70.13%	0.19	0.28	0.74
SPY	$10,000	$28,680	8.12%	15.32%	32.31%	−36.81%	−50.80%	0.53	0.76	1.00
60/40	$10,000	$27,569	7.80%	8.42%	21.95%	−14.92%	−26.78%	0.83	1.25	0.95

출처: 포트폴리오 비주얼라이저

포트폴리오 성장

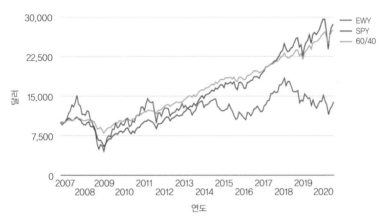

출처: 포트폴리오 비주얼라이저

　우리나라 주식시장의 연평균 수익률은 2.48%로 떨어지고 위험을 고려한 샤프지수는 0.19로 내려앉았다. 2007년부터 지금까지 제자리에 머물러 있어 사람들이 코스피를 박스피라고 부르는 이유다. 앞에서 버핏은 헤지펀드와의 내기에서 채권에 투자했던 돈을 2012년에 버크셔 B주식으로 바꿨다고 이야기했다. 그레이엄은 50/50, 현대 금융 이론은 60/40을 이야기하고 있지만, 지금과 같은 제로금리에 가까운 환경에서 채권 비중을 과거와 같이 기계적으로 높이는 전략으로는 채권의 낮은 수익률이 포트폴리오 전체 수익률을 갉아먹을 수도 있다. 《주식에 장기투자하라》(이레미디어)를 쓴 제러미 시겔 교수는 최근 인터뷰에서 지금과 같은 제로금리 상황에서는 과거와 같은 60/40 전략에서 벗어나 이제는 75/25로 채권 비중을 줄이고 주식 비중을 높여야 한다고 주장한 바 있다. 개인적으로도 지금과 같은 환경에서는 조금 더 타당한 전략으로 보이지만, 역시 미래는 알 수 없다. 가치투자 방법을 그대로 성장주투자에 접목시키고 비트코인에도 투자하고 있는 가치투자자 빌 밀러는, 더 나아가 지금은 오히려 채권 숏Short*에 베팅해야 한다고 주장하기도 한다. 우리나라에도 출간된 《빌 밀러의 기술주투자》(흐름출판)는 성장주투자를 고민하고 있는 가치투자자들이 읽어보면 좋을 책이다. 투자자는 단순한 전략이라도 그 비중을 투자 환경 변화에 따라 어떻게 조절하면서 리밸런싱해야 할지 계속 고민해야 한다.

---

* 매도를 의미한다. 반대 개념으로 롱(Long)이 있다. 헤지펀드들은 롱숏전략을 함께 구사한다. 주로 저평가된 자산을 롱하고 고평가된 자산을 숏함으로써 위험을 헤지한다.

레이 달리오의 올웨더 투자법

미국의 헤지펀드 브리지워터를 이끌고 있는 레이 달리오와 그의 투자 전략 중 하나인 올웨더 투자법에 대해 이야기하자면 책 한 권으로도 모자랄 것이다. 요즘 서점에 가보면 그의 투자법에 대해 알려주는 책을 많이 볼 수 있다. 인터넷에 검색만 해봐도 좋은 정보들이 넘쳐흐른다. 레이 달리오도 이제는 나이가 들어서 그런지 자신의 투자 철학을 전파하는 데 많은 시간을 투자하고 있어서, 조금만 수고하면 좋은 정보들을 많이 얻을 수 있다. 레이 달리오의 영상이나 직접 쓴 글을 보는 것도 예전처럼 그렇게 어렵지 않다. 유튜브와 링크드인*을 찾아보면 그의 인터뷰와 그가 쓴 글을 읽어볼 수 있다.

올웨더 포트폴리오는 미래의 시장 상황을 예측하기 힘든 만큼, 어떤 상황

---

* https://www.linkedin.com/in/raydalio

에서도 수익을 낼 수 있는 포트폴리오를 구축하려는 기본 개념에서 탄생했다. 토니 로빈스가 저서 《MONEY》(알에이치코리아)에서 밝힌 올웨더 포트폴리오는 일반적으로 아래와 같이 상관관계가 서로 다른 5개의 ETF로 구성된다. 브리지워터가 실제 사용하고 있는 올웨더 전략은 미시적인 부분에서 조금씩은 다를 수도 있겠지만, 토니 로빈스가 말한 것과 크게 다르지는 않기 때문에 그대로 사용한다.

포트폴리오 1

Ticker	Name	Allocation
IEF	iShares 7–10 Year Treasury Bond ETF	15,00%
TLT	iShares 20+ Year Treasury Bond ETF	40,00%
VTI	Vanguard Total Stock Market ETF	30,00%
GLD	SPDR Gold Shares	7,50%
DBC	Invesco DB Commodity Tracting	7,50%

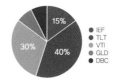

포트폴리오 2

Ticker	Name	Allocation
SPY	SPDR S&P 500 ETF Trust	100,00%

포트폴리오 3

Ticker	Name	Allocation
SPY	SPDR S&P 500 ETF Trust	60,00%
IEF	iShares 7–10 Year Treasury Bond ETF	40,00%

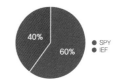

포트폴리오 1은 레이 달리오의 올웨더 투자법이다. 장기채권(TLT) 40%, 중기채권(IEF) 15%, 미국 주식(VTI) 30%, 금(GLD) 7.5%, 상품투자(DBC) 7.5%를 투자해서 1년 주기로 리밸런싱한다. 비가 오나 눈이 오나 어떤 날씨에도 안정적인 수익을 가져주는 황금률이다. 포트폴리오 2는 미국 주식 S&P500

포트폴리오 수익률

포트폴리오	시작 금액	최종 금액	CAGR	표준편차	최고의 해	최악의 해	MDD	샤프지수	소르티노지수	미국시장상관계수
올웨더	$10,000	$27,640	7.82%	7.32%	18.28%	-3.25%	-11.98%	0.94	1.51	0.42
SPY	$10,000	$28,680	8.12%	15.32%	32.31%	-36.81%	-50.80%	0.53	0.76	1.00
60/40	$10,000	$27,569	7.80%	8.42%	21.95%	-14.92%	-26.78%	0.83	1.25	0.95

출처: 포트폴리오 비주얼라이저

포트폴리오 성장

출처: 포트폴리오 비주얼라이저

에 투자하는 인덱스 투자이고, 포트폴리오 3은 60/40 전략이다.

　2007년부터 지금까지의 수익률을 비교해보면 3개의 포트폴리오 모두 거의 비슷하게 8% 내외다. 하지만 위험을 감안한 수익률을 보면 올웨더 포트폴리오의 우수성을 금방 알 수 있다. 다른 전략들이 MDD가 각각 -50%, -26%인 반면에 올웨더 투자는 -12% 정도로 아주 우수하다. 위험을 감안한 샤프지수와 소르티노지수는 그야말로 군계일학이다. 비교적 안정적인 60/40 전략보다 훨씬 뛰어나다.

수많은 변동성과 리스크를 안고 우리나라 인덱스에 투자해서 연 2.48%의 수익을 얻을 것인가? 아니면 변동성과 리스크를 제거한 후 환위험까지 헤지한 상태에서 안정적인 7.82%의 수익을 얻을 것인가? 물론 미래는 알 수 없지만, 버핏처럼 장기간 20%의 수익률을 거둘 자신이 없는 투자자라면 7~10%의 안정적인 수익률을 얻으면서 자기계발과 가족들을 위해 시간을 보내는 것도 현명한 투자가 될 수 있을 것이다. 또는 전체적인 자산 배분은 올웨더처럼 하면서 30%의 주식투자를 인덱스와 같은 ETF가 아닌 앞에서 이야기한 투자 기업을 고르는 방법이나 자기만의 독창적인 방법으로 투자해볼 수도 있다. 문제는 항상 창의력이다.

앞의 60/40 전략과 마찬가지로, 지금과 같은 제로금리하에서 중장기 채권의 비중을 55%까지 가져가는 전략보다는 연준의 유동성 공급으로 인해 향후 인플레이션이 예상되는 상황에서 금이나 상품투자 비중을 높이고 싶은 마음도 있다. 하지만 레이 달리오의 철학을 고려한다면 큰 줄기는 레이 달리오의 철학대로 믿고 따라가면서 약간 비중을 조절하는 것으로 만족해야 할 것이다. 투자 기업을 고르지 않는 방법도 기업을 고르는 방법과 마찬가지로 투자 철학을 만드는 것보다 그것을 믿고 따르는 게 훨씬 어려운 일인지도 모른다. 버핏도 자신의 투자 철학을 결과와 상관없이 최소한 3년은 믿고 따라가야 한다고 했다. 국내에서도 비슷한 상품들을 출시하고 있지만 직접 ETF를 이용해 포트폴리오를 만들기도 어렵지 않고, 무엇보다 달러에 의한 환헤지가 가능한 미국 시장에 직접 투자하는 게 낫지 않을까 싶다.

이제 올웨더와 비슷하지만 조금 변형해본 포트폴리오를 검토해보자. 유대인들은 아주 오래전부터 재산의 3분의 1은 땅에 투자하고, 3분의 1은 상품에 투자하고, 나머지 3분의 1은 현금으로 보유하고 있었다. 요즘으로 치면 분산투자를 실천해온 셈이다. 자산의 30%는 채권, 30%는 금, 나머지 40%는 주식에 투자한다면 어떻게 나올까?

포트폴리오 1

Ticker	Name	Allocation
GLD	SPDR Gold Shares	30.00%
TLT	iShares 20+ Year Treasur Bond ETF	30.00%
VTI	Vanguard Total Stock Market ETF	40.00%

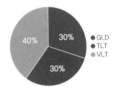

이 포트폴리오를 앞의 인덱스 투자, 60/40 전략과 올웨더 투자법과 함께 2007년부터 지금까지의 수익률을 비교해보면 다음과 같다.

포트폴리오 수익률

포트폴리오	시작 금액	최종 금액	CAGR	표준편차	최고의 해	최악의 해	MDD	샤프지수	소르티노지수	미국시장상관계수
30/30/40	$10,000	$32,329	9.08%	8.97%	21.86%	-3.59%	-17.90%	0.92	1.57	0.55
올웨더	$10,000	$27,640	7.82%	7.32%	18.28%	-3.25%	-11.98%	0.94	1.51	0.42
60/40	$10,000	$27,917	7.90%	8.71%	21.61%	-15.02%	-26.80%	0.81	1.22	0.96
Vanguard 500 Index	$10,000	$28,594	8.09%	15.37%	32.18%	-37.02%	-50.97%	0.53	0.75	1.00

출처: 포트폴리오 비주얼라이저

첫 번째가 유대인의 투자법을 차용한 전략이고, 두 번째가 레이 달리오의 올웨더 투자법, 세 번째가 60/40 전략이다. Vanguard 500 index는 인덱스 펀드의 수익률이다. 4가지 전략을 비교해보면, 수익률에서는 30/40/30 전략이 가장 높은 9.08%였다. 변동성도 낮고 위험을 고려한 수익률인 샤프지수와 소르티노지수도 올웨더 투자법과 비교해도 거의 비슷하다. 오랜 기간

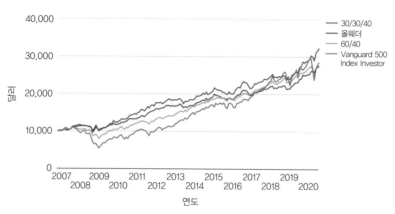

포트폴리오 성장

40,000

30,000

20,000

10,000

0

2007 2008 2009 2010 2011 2012 2013 2014 2015 2016 2017 2018 2019 2020

연도

30/30/40
올웨더
60/40
Vanguard 500
Index Investor

금액

출처: 포트폴리오 비주얼라이저

전해져 내려오는 비교적 단순한 로직을 가지고 있는 전략들이 위험을 고려해도 꽤 괜찮은 결과가 나오는 것을 볼 수 있다. 이제는 아이디어만 있다면 얼마든지 백테스트를 할 수 있으니 대가들의 전략을 단순히 따라 하는 것을 넘어서, 자신만의 아이디어가 떠오르면 직접 테스트해보고 결과를 비교해가면서 독창적인 자신만의 전략을 만들어보자.

게리 안토나치의 듀얼 모멘텀

"모멘텀이란 투자 수익이 지속되는 경향을 말한다.
괜찮았던 투자는 계속 괜찮을 것이며,
형편없는 투자는 앞으로도 형편없을 것이다."
— 게리 안토나치

게리 안토나치의 말대로 개인 투자자들은 지나치게 많이 거래하고, 지나치게 적게 분산투자하고, 감정이나 행동 오류에 쉽게 굴복하는 경향이 있다. 상대 강도 모멘텀은 자산군을 비교해서 실적이 가장 좋은 자산을 선택하는 전략이고, 절대 모멘텀은 시장 상황에 적응하면서 시장의 역동성에 맞추는 전략이다. 듀얼 모멘텀은 2가지를 다 이용해서 시장 국면이 바뀜에 따라 시장에 노출되는 포지션을 역동적으로 바꾸는 동시에, 투자자들의 행동 편향을 활용해 강하고 높은 수익률을 얻게 해준다. 방법은 간단하다. 게리 안토나치는 미국의 주식시장(S&P500)과 미국을 제외한 상장지수펀드(ACWX)를 상대 모멘텀 지수로 보고, 둘 중에 최근 12개월 수익률이 더 높은 것을 선택했다. 이것을 미국 종합 채권 ETF(AGG)를 절대 모멘텀으로 하여 두 수익률을 비교해 더 높은 수익률에 투자한다. 매달 이 작업을 하는 것이다.

그의 홈페이지*에 가면 1952년부터 지금까지 매달, 매년 듀얼 모멘텀 운용 실적이 나와 있다. 듀얼 모멘텀 전략은 다른 전략에 비해 변동성이 낮고 샤프지수가 크며 MDD가 작다고 알려졌지만, 최근 몇 년 동안 미국 S&P500지수와 나스닥의 급등으로 인해 듀얼 모멘텀이 미국 주식시장 대비 퍼포먼스가 과거만큼 좋지 않을 수도 있겠다는 생각을 했었다. 아니나 다를까, 최근 5년간 수익률을 보면 시장과 비슷하거나 수익이 조금 떨어진다. 하지만 과거 70년을 백테스트해서 검증된 전략이므로, 전략에 대한 믿음을 가지고 있어야 제대로 된 자본 배치와 안정된 수익을 기대할 수 있다. 물론 과거의 성과가 미래를 보장해주지는 않는다.

미국을 제외한 세계주식시장 대신에 우리나라 주식시장인 EWY를 가지고 미국 주식시장(SPY), 미국 종합채권(AGG) 3개로 듀얼 모멘텀을 해보면 어떨까? 미국 주식이 잘나갈 때는 미국 주식에 투자하고, 우리나라 주식이 잘나갈 때는 국내 주식에 투자하고, 주식시장이 침체에 빠질 때는 채권에 투자하는 단순한 전략이다. 아쉽게도 데이터가 2005년부터 지금까지밖에 없어서 더 긴 기간을 테스트해볼 수는 없었다. 결과는 다음과 같다.

포트폴리오 수익률

포트폴리오	시작 금액	최종 금액	CAGR	표준편차	최고의 해	최악의 해	MDD	샤프 지수	소르티노 지수	미국시장 상관계수
듀얼 모멘텀	$10,000	$34,711	8.36%	16.65%	53.89%	-22.91%	-32.32%	0.49	0.73	0.51
동일비중 포트폴리오	$10,000	$28,068	6.89%	12.96%	33.11%	-31.60%	-44.68%	0.48	0.72	0.87
S&P500	$10,000	$34,645	8.35%	14.54%	32.18%	-37.02	-50.97%	0.54	0.77	1.00

출처: 포트폴리오 비주얼라이저

---

* https://www.optimalmomentum.com/global-equities-momentum

포트폴리오 성장

출처: 포트폴리오 비주얼라이저

수익률은 듀얼 모멘텀과 미국 S&P500지수와 거의 똑같이 나왔다. 우리나라 주식시장이 들어 있어서 그런지 변동성과 샤프지수는 미국 시장에만 투자하는 것보다 떨어졌고, MDD가 낮아졌다. 앞서 우리나라 주식시장의 MDD가 -70%를 넘고 2003년부터 백테스트해도 수익률이 이것보다 낮았던 것을 기억해보면, 이 정도도 꽤 훌륭한 수치다. 수익률 차트를 보면, 2008년 금융위기와 최근 코로나19로 인한 주식시장 폭락 시기에 상대적으로 하락폭이 제한된 모습을 보여준다. 채권이 안전판 역할을 제대로 해주고 있는 것이다. 다시 한번 강조하지만, 투자 전략을 백테스트할 때는 기간을 어떻게 조정하는지에 따라 전혀 다른 결과가 나올 수 있다. 또한 과거의 결과가 항상 미래를 보장해주지는 않는다.

듀얼 모멘텀 전략의 장점은 MDD가 낮아지기 때문에 비교적 편안하게 주식에 집중할 수 있다는 것이다. 주식시장이 약세로 돌아설 때는 수익률은 낮지만 위험도 낮은 채권으로 피난해서 광폭한 시장의 하락에 따른 손

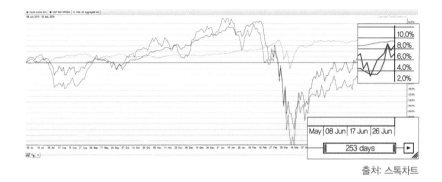

출처: 스톡차트

실을 일부분 줄일 수 있는 전략이다. 무엇보다 투자자가 감정적 편향에 빠져 잘못된 결정을 내리는 것을 기계적으로 막아주는 장점이 있다.

듀얼 모멘텀 전략을 쓴다면, 현재 한국 주식, 미국 주식, 채권 3가지 중 어디에 투자를 해야 하는지 직관적으로 알 수 있는 방법은 없을까? 인터넷 스톡차트*로 들어가면 바로 확인할 수 있다. 메뉴에서 'Chart&Tools'를 누르고 'PerfCharts'를 클릭한 뒤, 성과가 궁금한 'EWY, SPY, AGG'를 쉼표를 포함해서 차례대로 입력하면 위와 같은 화면을 볼 수 있다.

화면의 우측 하단에 나오는 200days를 더블클릭해서 253으로 바꾸면 정확하게 12개월(1년)의 수익률을 비교해볼 수 있다. 현재 3개 자산이 6% 내외에 몰려 있지만 아직까지는 채권투자에 머물러 있어야 할 시기다. 이 화면을 한 달에 한 번씩 체크하면서 투자자산을 변경하면 된다.

지금까지 투자 기업을 고르지 않고 투자하는 4가지 방법을 살펴봤다. 직접 투자할 기업을 고르기 힘들고 공부할 시간이 없는 투자자를 위해 워런 버핏, 벤저민 그레이엄, 레이 달리오, 게리 안토나치와 같은 투자의 대가들

---

*　https://stockcharts.com

이 대안으로 제시한 방법들이다. 많은 시간을 투자하지 않고도 주식투자에 참여해서 비교적 안정적인 수익을 낼 수 있다는 장점도 있지만, 워런 버핏과 같은 고수익을 기대하기는 힘든 전략이기도 하다.

인간의 감정적 편향과 행동 오류를 최대한 제거하면서 안정적인 수익률을 올릴 수 있는 전략이지만, 개별 기업 투자와 마찬가지로 모든 전략들은 시장이나 벤치마크보다 수익률이 떨어지는 시기가 반드시 온다. 이럴 때 섣불리 자신의 감정이나 행동 편향에 휩싸여서 잘못된 결정을 내리기 쉽다. 각각의 전략들을 제시한 투자의 대가들도 당연히 투자자들이 자신의 말을 그대로 따르지 않고 잘못된 편향에 빠져 그릇된 결정을 내릴 것이라고 내다봤다. 그래서 나중에 결과를 반추해보면 처음의 전략을 그대로 따랐을 때 가장 좋은 결과가 나온다는 것을 특히 강조했다. 르네상스 테크놀로지의 짐 사이먼스는 "모형을 이용해 트레이딩하기로 했으면 그저 노예처럼 모형만 이용해야 한다. 지금은 모형이 아무리 똑똑하거나 멍청하게 여겨지더라도, 무슨 일이 있어도 절대로 시키는 대로만 해야 한다"라고 말했다. 노예가 되기 싫으면 버핏이 부자가 된 방법을 따라 하면 된다. 경험해보니 그것도 정말 어려운 일이다.

각각의 전략마다 포트폴리오 비주얼라이저에서 제시하는 수익률을 그대로 믿고 따라 했다. 혹시나 하는 노파심에 따라 각 전략들의 수익률을 자료를 찾아 조사해봤다. 내가 투자를 시작한 2007년부터 지금까지 위 4가지 전략의 수익률에 버크셔 해서웨이와 우리나라 코스피와 물가상승률을 포함했다. 모든 수익률은 기하평균으로 계산했기 때문에 산술평균과는 다른 결과가 나온다.

투자 기업을 고르지 않는 방법에 따라 추가하지는 않았지만, 다섯 번째 방법으로 워런 버핏의 버크셔 해서웨이 투자를 강력 추천한다. 이유는 다음 도표를 보면 알 수 있다. 내가 워런 버핏처럼 투자할 수 없다면, 워런 버핏을 나를 위해 일하는 펀드매니저로 고용하면 된다. 버핏의 나이가 걱정이라면, 버크셔 해서웨이에는 잘 훈련된 그의 후계자들이 있다. 만일 버크셔 해서웨이의 투자 부문은 마음에 들지만 사업 영역이 마음에 들지 않는다면, 버핏의 투자 철학인 경제적 해자가 있는 기업만을 모아놓은 MOAT ETF나, 해외 기업 중 경제적 해자가 있는 기업을 모아놓은 MOTI ETF 등도 있다. 최근에는 미국 시장의 높은 수익률로 해외 기업보다 미국 기업을 대상으로 하는 MOAT의 수익률이 더 좋은 편이다.

• 투자전략별 수익률 비교(2007~2019년) •

구분	버크셔 해서웨이	S&P500	GEM	올웨더	60/40	KOSPI	국내 물가
2007	28.7	5.5	17.1	12.1	9.0	32.3	2.5
2008	−31.8	−97.0	−6.5	3.0	−19.5	−40.7	4.7
2009	2.7	26.5	11.6	−4.0	13.7	49.7	2.8
2010	21.4	15.1	5.5	13.6	12.3	21.9	2.9
2011	−4.7	2.1	0.7	17.3	2.9	−110.	4.0
2012	16.8	16.0	11.4	6.2	12.3	9.4	2.2
2013	32.7	32.4	31.0	−3.2	13.0	0.7	1.3
2014	27.0	13.7	13.7	14.2	5.4	−4.8	1.3
2015	−12.5	1.4	−6.5	−2.3	0.7	2.4	0.7
2016	23.4	12.0	6.7	5.8	4.8	3.3	1.0
2017	21.9	21.8	21.8	12.5	14.5	21.8	1.9
2018	2.8	−4.4	−7.8	−2.9	−5.2	−17.3	1.5
2019	11.0	31.5	19.1	19.4	19.0	7.7	0.4
기하평균	9.05	8.82	8.47	6.75	5.89	3.34	1.72
표준편차	18.75	18.31	11.90	8.36	10.22	22.89	1.27
샤프지수	0.34	0.34	0.49	0.50	0.32	0.03	

· 투자전략별 수익률 ·

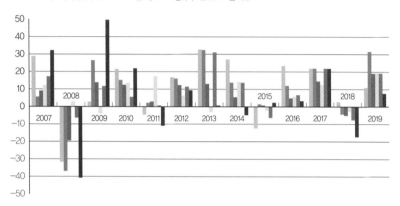

　　컴퓨터가 자동으로 계산해주는 것을 그대로 믿고 따르는 것도 중요하지만, 때로는 자신의 손으로 데이터를 수집하고 가공해보는 것도 중요하다. 숫자로 표현되는 자료들은 누군가의 목적으로 약간 조정하거나 기간을 조금만 바꿔도 완전히 다른 결과가 나올 수 있기 때문이다. GEM이 게리 안토나치의 듀얼 모멘텀 전략이다. 여기서 샤프지수는 미국 10년 국채수익률을 사용했기 때문에 위에서 나왔던 결과들과 조금 다른 수치들이 나왔다. 이렇게 모아서 비교해보니 미국 주식시장은 수익률이 좋았고, 우리나라 코스피의 최근 13년 수익률이 가장 낮았다.

　　지금까지 이야기했던 투자 전략들을 총정리해보면 다음 순서도와 같다. 거듭 강조하지만 지금 같은 저금리하에서 직접 투자로 매년 10% 이상 꾸준히 수익을 내는 것은 정말 어려운 일이다.

186

• 주식투자 순서도 •

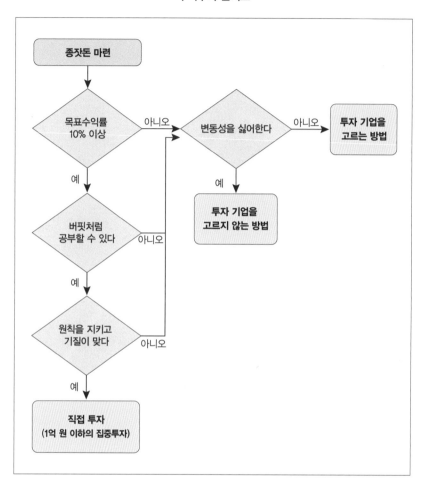

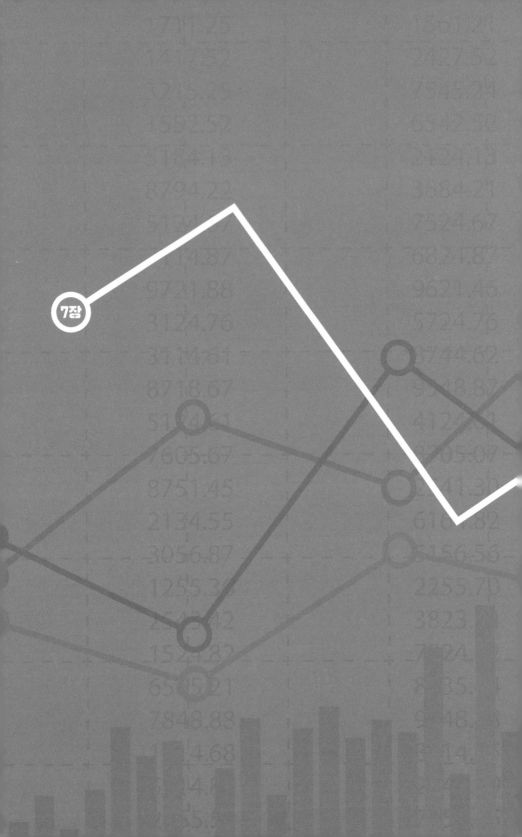

7장

금융위기 이후
워런 버핏

"어려움은 새롭게 시작하는 데서 오는 것이 아니라
오래된 것에서 탈출하는 데 있다."
— 존 메이너드 케인스

존 트레인의 책*을 보면 버핏의 이웃이었던 도널드 커프의 인터뷰가 나온다. 아이들 교육을 위해서 자신의 투자조합에 5천 달러를 투자하라는 버핏의 제안을 받았지만 뭘 해서 먹고 사는지도 모르는 이웃에게 어떻게 투자하느냐며 거절했다고 한다. 만일 아주 운이 좋게도 1964년 초에 워런 버핏을 알고 버크셔 해서웨이에 100달러를 투자했다면 2019년 말까지 수익이 270만 달러가 넘었을 것이다. 도널드 커프가 버핏의 말을 듣고 5천 달러를 투자했다면 지금은 대학을 세울 수도 있는 돈이 됐을 것이다. 버크셔 해서웨이의 수익률은 지난 55년 동안 2,744,062%로 연평균 20.3% 복리로 증가했다. 다만 2008년 금융위기 이후 최근까지 수익률은 S&P500지수에 미치지 못하고 있으며, 최근 10년을 놓고 보면 S&P500지수에 뒤지고 상황이다.

---

* 《미스터 버핏 한 수 부탁드립니다!》(아경북스)로 현재는 절판되었다.

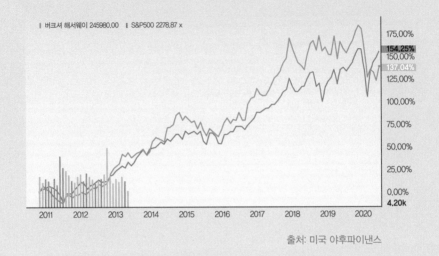

출처: 미국 야후파이낸스

버크셔 해서웨이의 2020년 3월 사업보고서를 보면 2020년 3월 말 기준 -27%로, 주식을 처분하지 않은 미실현 손익이긴 하지만 약 670억 달러를 잃었다. 오른쪽의 '워런 버핏 포트폴리오 TOP 5'를 보면 상위 5개 기업이 전체의 70% 가까이를 차지하고 있어 5개만 살펴봐도 되는데, 만일 2019년 12월 31일의 주식을 그대로 가지고 있었다면 2020년 3월 31일까지 상위 5개만 -25.18%(5월 6일 기준, 낙폭을 만회해 대략 -18%), 특히 금융 섹터인 뱅크오브아메리카와 웰스파고가 -39.72%, -46.65%로 떨어져 2000년 매수 가격보다도 떨어졌다. 다른 고정 이익이 없었다면 두 회사에서 20년 동안 자본이득 없이 배당이익만 얻은 셈이 된다. 비교적 하락이 적었던 것은 포트폴리오 내 랭킹 1위인 애플(-13.40%)과 3위인 코카콜라(-20.05%)로 둘 다 누적 수익률이 100% 내외다. 특히 애플은 2016년부터 포트폴리오에 담았는데 5년 만에 2배가 되었으니, 연평균 수익률은 15% 내외로 현재까지 성공

기업	시가총액 (2019.12.31)	시가총액 (2020.03.31)	포트폴리오 비중	최초 구매시기	추정 평단가	주가 (2020.03.31)	주가 (2020.05.06)	ROE	PER	PBR	매수 후 수익률
애플	$71,990	$62,341	29.81	Q1 2016	149.26	254.29	300.63	62.09%	23.36	16.71	101.41%
뱅크오브 아메리카	$32,579	$19,638	13.49	Q3 2017	26.33	21.23	22.35	9.33%	9.05	0.82	−15.12%
코카콜라	$22,140	$17,700	9.17	Q1 2001	22.58	44.25	44.75	50.54%	19.04	9.68	98.18%
아메리칸 익스프레스	$18,874	$12,979	7.82	Q1 2001	36.15	85.61	84.00	25.20%	12.71	3.23	132.37%
웰스파고	$17,389	$9,276	7.2	Q1 2001	30.53	28.70	25.61	7.39%	6.31	0.65	−16.12%
현재	$162,972	$121,934	67.49				평균	30.91%	14.09	6.22	60.15%
총액	$232,817	−25.18%									

출처: 버크셔 해서웨이 사업보고서

적인 투자를 이어 오고 있다. 최근 애플의 주가 상승으로 포트폴리오 내 비중은 더욱 커졌다.

최근 버핏의 수익률이 떨어진 이유를 살펴보면 대체로 다음과 같은 이유 때문이다.

1. 버핏을 따라 하는 추종자가 많이 생겨 초과 이윤을 얻기가 점점 더 어려워 졌다.

2. 자금 규모가 커지면서 의미 있는 비중으로 살 수 있는 주식이 전 세계에 약 200개 정도로 제한적이고, 매수 시에도 자금을 투입하면서 가격에 큰 영향을 준다.

3. 금융위기 이후 거시경제 변수(금리, 실업률, 국가부도 리스크, 상품 가격, 인플레이션)가 주식 가격에 더 많은 영향을 끼치고 있다. 버핏의 상대적 이점인 기업의 자산가치, 수익성 분석, 현금흐름 분석 등의 영향력이 점점 줄어들고 있다.

4. 특히 최근에는 무형자산의 영향력이 과거보다 커지면서 자산가치의 척도인 PBR의 영향력이 점점 더 줄어들고 있는 모습이 관찰된다. 디지털화, 가상화되어가는 세상에서 버핏은 전통적으로 자산이 많은 비즈니스를 평가하는 가치투자 방법을 고수하고 있는데, 자산이 거의 필요 없는 4차 산업과 언택트untact* 관련 기업을 평가하는 기준으로는 적합하지 않다.

5. 버핏은 가치주를 선호하지만 지금 같은 저금리하에서 성장이 귀한 대접을 받는 시기에는 성장주의 수익률이 낮다. 1926년에서 2015년까지 90년 동안 성장주와 가치주를 비교한 〈뱅크오브아메리카 메릴린치〉 보고서에 따르면, 지금까지는 가치주가 훨씬 더 좋은 성과를 보였다(17% 대 12.6%). 그러나 역사적으로 낮은 대출 금리와 연방 준비 제도의 적극적인 시장 개입 정책으로 인해 과거 어느 때보다 자본에 대한 접근이 쉽고 이자율도 훨씬 저렴해져서, 버핏이 막대한 현금을 바탕으로 과거처럼 초과 수익을 내기가 더 힘들어졌다.

6. 버핏의 투자 범위는 금융과 소비재 등으로 제한적이다. 버핏은 능력 범위 안에 머무르면서 다른 새로운 분야로 확장하지 않고, 조심스러운 태도를 취하고 있어서 새롭게 떠오르는 혁신적인 비즈니스를 놓치는 경우가 점점 늘어나고 있다.

과거 버핏의 투자 포트폴리오를 분석해보면, 버핏은 변화를 거스르는 쪽에 베팅했다. 하지만 인터넷의 등장과 4차 산업혁명, 최근의 코로나19와 같

---

* 접촉을 의미하는 콘택트(contact)에 접두사 언(un)을 붙여 접촉하지 않는다는 뜻의 신조어다. 코로나19의 영향으로 비대면을 선호하는 소비자의 태도 변화로 관련 산업이 각광을 받고 있다.

은 전 세계적인 전염병으로 인해 기업들은 대변화를 맞게 되었고, 새로운 사업 모델과 새로운 가치 분석 기법이 필요한 상황이 되었다. 과거의 유형 자산을 기반으로 한 전통적인 가치 분석 모델로 현재 산업을 주도하고 있는 인터넷 관련 기업들을 분석한다면 틀린 결과를 얻게 될 것이다. 아마존의 효율적인 배송 시스템 및 아마존 웹 서비스(AWS), 애플의 생태계와 고객의 충성도는 그 어떤 가치평가 방법으로도 정확하게 측정할 수 없기 때문이다. 물론 버핏은 애플의 주주다. 애플은 엄청난 규모의 잉여 현금을 창출하지만 재무제표상의 자산은 거의 없어 2019년 기준 PBR은 11이었다. 2018년 버핏의 주주서한에서 장부 가치는 한때 가졌던 타당성을 상실한 지표라고 한 버핏의 말을 새겨들어야 한다.

한참 성장하던 젊은 기업도 결국 시간이 지나 성숙기를 거치면서 ROE가 꾸준히 하락하는 게 일반적이다. 세계에서 가장 뛰어난 투자자이자 CEO인 워런 버핏이 운영하고 있는 버크셔 해서웨이도 결국은 그 길을 걸을 것이다. 배당과 자사주 매입을 거의 하지 않았지만 이제는 고려해야 할 때가 다가오고 있다. 과거와 같은 높은 성장을 기대하기에는 몸집이 너무 거대해졌고, 새로운 산업의 트렌드를 좇아가기에는 버핏과 멍거의 90이 넘는 나이를 생각해봐야 한다. 다행인 것은 훌륭한 후계자들이 버핏과 멍거의 뒤를 잇고 있기 때문에 버크셔 해서웨이(특히 BRK.B*)에 대한 투자는 아직도 유효하다고 본다.

---

* 버크셔 해서웨이 주식은 A주와 B주로 나뉜다. A주는 한 개의 의결권을 가지고, B주는 1만 분의 한 개의 의결권을 가지므로 액면분할을 한 번도 하지 않은 A주가 매우 고가에 거래된다. 워런 버핏은 A주 전체에서 약 40% 내외를 가지고 있다.

가치투자는 끝났는가?

"워런 버핏과 나는 서로 완전히 반대되는 방향에서 일해왔다. 기본적으로 워런은 변화를 거스르는 쪽에 돈을 건다. 그리고 우리 회사는 변화에 돈을 건다. 만일 그가 실수를 한다면, 그건 그가 미처 예상치 못한 뭔가가 변했기 때문이다. 우리가 실수를 한다면, 그건 우리가 생각했던 변화가 일어나지 않았기 때문이다."

– 마크 안드레센(팀 페리스, 《타이탄의 도구들》, 토네이도)

과거 90년 동안의 수익률을 비교해보면 성장주보다 가치주의 성과가 훨씬 뛰어났지만, 2007년 초반부터 지금까지의 수익률을 살펴보면 과거와는 달리 가치주의 성과가 성장주의 성과에 확연하게 뒤처져 있다. 급기야 2020년 3월에는 지난 40년 동안 누적으로 성장주 ETF(IWF)를 앞서가던 대표 가치주 러셀1000 가치지수 ETF(IWD)가 처음으로 역전당했다. 물론 90년 전체에서 80년 동안은 가치주가 성장주보다 뛰어난 성과를 거두었다. 성장주보다 뒤처진 게 약 10년 정도인데, 대공황과 닷컴버블 그리고 바로 지금이다.

이런 가치주와 성장주의 구분에는 전통적으로 PBR과 PER 지표를 사용하고 있다. 애플의 사례에서 설명했듯이 재무제표에 기록되지 않는 무형자산의 가치가 올라가고, 기업들의 자사주 매입이 증가하면서 과거의 장부 가치에 기반한 PBR 지표가 제대로 작동하고 있지 않을 수도 있다는 점을 감안해서 봐야 한다. 아마존의 경우 PER 지표도 꼼꼼히 봐야 한다. 비용으로

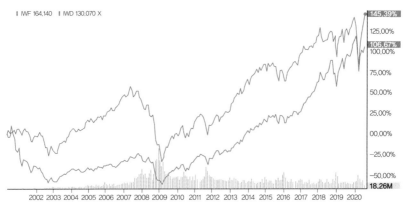

| IWF 164,140 | IWD 130,070 X

145.39%
125.00%
106.67%
100.00%
75.00%
50.00%
25.00%
00.00%
-25.00%
-50.00%
18.26M

2002 2003 2004 2005 2006 2007 2008 2009 2010 2011 2012 2013 2014 2015 2016 2017 2018 2019 2020

출처: 미국 야후파이낸스

빠져나가는 R&D와 브랜드를 강화하는 광고비 같은 항목들은 순이익의 규모에 큰 영향을 끼치기 때문이다. 아마존은 PER 지표로 보면 비싸 보이지만 FCF 지표로 보면 PER만큼 비싸지는 않다.

가치투자는 죽었다는 논쟁에 기름을 부은 것은 역시 버크셔 해서웨이의 애플과 아마존에 대한 투자 때문이다. 버핏이 사내 펀드매니저가 결정했다고 이야기했지만, 여전히 사람들은 버핏이 직접 투자했다고 믿는 것 같다. 매수 당시 아마존의 예상 주가수익비율(PER)은 71배로, 결코 저렴하다고 할 수 없는 수준이었다. 최근 10년간 기술주가 견인하는 주가 상승세가 이어지는 가운데 시장에서는 드디어 인내하고 있던 버핏의 투자 철학도 변했다고 수근거렸다. 이에 대해 버핏은 "버크셔의 투자 철학은 변함이 없다. 아마존 주식 매입은 사내 펀드매니저가 결정하지만, 가치투자의 원칙을 완벽하게 따르고 있다"고 직접 설명했다.

왜 어떤 기업은 비싸서 매수하지 않고 어떤 기업은 비싼데도 매수할까?

기업가치 평가는 결국 기업이 미래에 벌어들일 현금을 지금 예측하는 작업인데, 기업의 업종이 무엇이든 상관없이 그 기업의 품질을 자신이 측정할 수 있느냐 없느냐가 관건이다. 내 손안에 새는 한 마리인데 숲 속에 새가 2마리인지, 3마리인지 혹은 한 마리도 없는지를 알아야 비교가 가능하다.

애플과 아마존에 대한 투자는 두 기업 모두 변동성이 심한 IT기업으로 분석한 게 아니라, 성숙한 소비재 기업(+서비스 기업)과 유통 기업(+서비스 기업)으로 가치평가했을 것으로 생각된다. 전통 산업과 마찬가지로 기존의 내재가치 평가 방법을 똑같이 적용해서 가격이 가치보다 싸다고 판단했기 때문에 편입한 것이다. IT기업들이 과거에는 심한 변동성으로 미래에 벌어들일 현금흐름(FCF)을 제대로 계산하지 못했지만, 이제는 가능하다고 판단한 것이다. 버핏과 멍거는 기술주나 성장주를 관념적으로 반대하지 않았다. 과거에 그들도 기술 기업인 IBM에 투자한 바 있다.

이제는 가치주인지, 기술주인지, 성장주인지의 구분은 크게 중요하지 않다. 삼성전자는 성장주인가, 가치주인가? 결국 모든 투자는 가치투자다. 워런 버핏이 중요하게 생각하는 ROE에는 수익성과 함께 성장이 포함되어 있다. 분석을 통해 1만 원의 가치가 있는 주식을 5천 원에 사는 것도 가치투자고, 지금은 5천 원의 가치가 있는 주식이지만 향후 5만 원까지 올라갈 것이라는 분석에서 1만 원에 사는 것도 가치투자다. 따라서 일시적인 성과가 나빠질 수는 있지만, 투자가 계속되는 한 가치투자가 죽을 일은 결코 없을 것이다. 성장주 투자와 가치주 투자를 구분하는 것보다 더 중요한 것은 벤저민 그레이엄이 《현명한 투자자》(국일증권경제연구소) 제1장에서 구분한 것과 같이 투자와 투기를 구분하는 것이다. "투자는 철저한 분석을 통해서 원금의 안전과 충분한 수익을 약속받는 행위다. 이 요건을 충족하지 못하면 투기다." 성장주 투기 혹은 가치주 투기를 하고 있지는 않은지 돌아봐야 한다.

또한 모든 투자와 마찬가지로 가치투자에서도 나쁜 성과를 가져오는 실수가 따라다니기 때문에 늘 자신을 반추하며 조심해야 한다. 일반적으로 일어날 수 있는 가치투자자의 실수는 크게 4가지로 분류할 수 있다. 1) 단순히 싸다는 이유로 가치함정에 빠진 저품질 회사에 투자하는 것, 2) 고품질사업에 투자하지 못하는 것, 3) 위대한 회사를 사서 너무 빨리 매도하는 것, 4) 새롭고 강력한 기술과 트렌드를 알아채지 못하는 것이다. 이를 크게 2가지로 나누면 해야 할 일을 하지 못한 것(2, 4)과 하지 말아야 할 일을 한 것(1, 3)이라고 볼 수 있다.

버크셔 해서웨이의 두 거인 워런 버핏과 찰리 멍거 역시 이런 가치투자의 실수들을 피하고 그들의 능력을 확장하기 위해 끊임없이 스스로 의심하고 매일매일 공부하고 있다. 그래서 작위의 실수와 부작위의 실수를 피하기 위해 자신의 결정을 반추하고 새로운 트렌드에 늘 관심을 가지고 따라가고 있다. 단지 외부의 시선에서 보면 느리게 보일 뿐이다. 항공모함의 방향 전환은 모터보트의 방향 전환과 같지 않은 법이다.

워런 버핏을 따라 하기 전에
고려할 점

앞서 살펴봤지만 워런 버핏은 시대와 환경의 변화에 따라 자신의 가치투자를 함께 진화시켜나갔다. 내가 처음 접했던 워런 버핏은 경제적 해자가 있는 훌륭한 기업을 적당한 가격에 사는 가치투자 2.0 시절의 워런 버핏이었다. 아마 지금 워런 버핏을 접하는 투자자들은 전체 포트폴리오에서 애플의 비중이 40% 가까이나 되고 코로나19로 어려운 때에 두려움에 투자를 주저하고 있는 워런 버핏을 접하게 될지 모르겠다. 언론에서 보도하는 대로 애플 한 종목에 포트폴리오를 집중투자하고 있는 워런 버핏이 진짜 워런 버핏인지, 코로나19로 공포에 사로잡혀 불과 몇 달 전에 구매한 항공주를 허겁지겁 팔고 현금만 움켜쥐고 있는 워런 버핏이 진짜 워런 버핏인지 곰곰이 생각해봐야 한다.

애플의 비중이 늘어나게 된 과정들이 있고, 항공주를 구매했던 이유와 또 급하게 매도해야 했던 이유들이 있다. 코로나19라는 전대미문의 사태에 미국 정부와 연준의 대응으로 투자환경이 급변하고 가치평가의 틀이 크게 바뀌게 되면서 사업부문과 투자부문 전체에서 재조정이 불가피했을 것이다. 이런 과정들은 많은 시간과 숙고가 필요하다. 언론에서 보도되는 단편적인 사실만 가지고 단정 짓기보단 과정 전체를 찾아보고 그렇게 된 이유들을 생각해봐야 한다.

찰리 멍거의 말처럼 사람들은 계산은 쉽게 하면서 생각은 너무 안 한다. 현재의 워런 버핏을 제대로 이해하기 위해서는 먼저 그의 과거를 이해해야 한다. 책이나 언론에서 다루지 않는 워런 버핏의 가치투자 1.0 시절을 제대로 알고 현재의 가치투자 2.0과 3.0을 그 연장선상에서 봐야 한다. 워런 버핏의 가치투자 2.0이야 워낙 많은 책들이 다루고 있으니, 지금 중요한 건 아직까지 제대로 알려지지 않은 버핏의 가치투자 1.0과 함께 아무도 제대로 다루고 있지 않은 워런 버핏의 가치투자 3.0이다. 다음에 기회가 된다면 꼭 이 부분을 한번 다뤄보고 싶다.

'워런 버핏이 부자가 된 방법'에서 개인 투자자와 펀드매니저 시절의 가치투자 1.0을 살펴봤다. 같은 글을 읽더라도 그 시절 버핏에게 배워야 할 점들은 각자의 투자 철학과 사정에 따라 다를 것이다. 마찬가지로 우리와 버핏은 다르고 그의 젊은 시절과 현재는 다르기 때문에 지식을 알고 그대로 실천한다고 해도 그의 성과를 그대로 복제하기는 힘들 수도 있다. 우리가 고려해야 할 큰 차이점들은 다음과 같다.

1. 버핏이 투자로 큰 성공을 거둔 시기는 주로 1950~1960년대였다. 그때는 상대적으로 회계 정보를 사용해서 투자하는 비율이 적었고, 기관 투자자들의 비중도 지금처럼 크지 않았다. 지금과 같이 기업 정보가 완전히 오픈되

어 있고 기업들의 정보가 빠른 속도로 이동하며 자금과 정보로 무장한 수 많은 기관 투자자들이 있는 상황에서는, 버핏도 과거와 같은 단순한 전략을 활용해 눈부신 성공을 장담하기가 쉽지 않다.

2. 버핏은 개별 주식을 구매하는 투자자라기보다는 행동주의 투자자에 가깝다. 주식을 사서 단순하게 오르기만 기다리는 투자를 한 것이 아니라, 적극적으로 지분을 확보하고 경영에 참여해서 기업을 개선하고 영향력을 행사하는 방법을 사용했다. 이런 방식은 소액 투자자가 따라 할 수 있는 방법이 아니다.

3. 거시경제 리스크가 낮은 시기의 성과였다. 따라서 투자자는 오롯이 기업에만 집중하면 좋은 수익을 얻을 수 있었다. 좋은 기업을 싼 가격에 구매하는 버핏의 전략은 지금 시대에는 과거와 같은 수익을 보장해주지 않을 뿐만 아니라, 좋고 싼 기업도 아주 드물다.

4. 버핏 성공의 핵심은 인내다. 그는 단기투자자가 아니라 장기투자자다. 개인투자자이기보다는 펀드매니저였다. 버크셔 해서웨이에 돈을 맡긴 투자자들은 과거 수익률과 명성으로 인해 짧은 기간 동안 낮은 실적을 받아들이겠지만, 대부분의 다른 기관 투자자들은 입장이 다르다. 요즘처럼 단기실적에 따라 평가가 좌우되는 분위기에서 최소 3년 이상 장기투자 철학을 유지하기는 쉽지 않다. 물론 개인 투자자들에게는 해당 사항이 없다. 하지만 개인 투자자들도 지금처럼 쉽게 주식 가격을 확인하고 핸드폰으로도 매매를 할 수 있는 시기에 장기투자를 고수하기란 감정적으로 무척 힘든 일이다.

5. 우리는 버핏처럼 충분한 종잣돈을 모으지도 못했고, 어려서부터 투자에 대한 폭넓은 지식을 가지고 있지도 못했다. 공부가 즐거워 탭댄스를 추면서

출근하지도 못하고, 분석한 기업에 확신을 가지고 집중투자를 할 수도 없다. 단순하게 버핏을 따라 투자했던 사람들이 최근 버핏의 항공주 매각으로 어떤 곤란을 겪었는지 찾아보라. 버핏의 투자를 그대로 따라 하는 것도 쉬운 일이 아니다.

워런 버핏처럼 똑같이 투자하지 말아야 할 이유

우리와 버핏이 다르고 그 시대와 지금이 다르지만, 워런 버핏의 젊은 시절을 따라가다 보면 우리가 배워서 따라 해야 하는 부분들과 배워도 결코 따라 하지 못하는 부분들로 나눌 수 있다. 우리가 버핏에게 배워서 따라 해야 하는 부분들은 책 곳곳에서 설명했다. 비록 이 책에서는 투자에 대해 주로 이야기하느라 버핏의 삶에 대해서는 거의 다루지 않았지만, 시간이 된다면 그의 자서전도 꼭 읽어보길 권한다. 버핏은 투자보다 그가 살아온 삶에서 배울 점이 훨씬 많은 사람이다. 나 역시 그의 삶을 먼저 접하고 그다음에 그의 투자 철학에 설득되어 주식이 투기나 도박이 아니라는 사실을 알게 되었다.

버핏의 또 다른 스승 필립 피셔가 투자 기업을 방문하거나 경쟁 기업을 방문했을 때 꼭 하는 질문이 있다. "경쟁 업체에서는 아직 하고 있지 않지만 당신 회사에서는 하고 있는 게 무엇입니까?" 버핏이 했지만 내가 할 수 없는 게 무엇인지 알아야 하고, 버핏이 하지 못했지만 내가 할 수 있는 게 무엇인지 찾아야 한다. 남들과 똑같이 해서는 결코 남보다 잘할 수가 없고, 배워도 실천할 수 없는 것에 집착하다 보면 정작 할 수 있는 것을 놓치게 된다. 다음은 배워도 할 수 없는 버핏의 남다른 점들이다

1. 버핏처럼 전체 회사를 살 수 없다. 현재의 버핏은 주식투자자라기보다는 기업 인수자에 가깝다. 인수합병에 의해 크게 성장한 투자자다. 회사 전체를 구매하는 것은 아무나 할 수 있는 일이 아니다. 따라서 버핏을 모방하려면 초기 개인 투자자 시절의 버핏을 모방해야 한다.

2. 지금은 버핏과 같은 시대가 아니다. 버핏은 5살 때 껌과 콜라를 팔고 골프공을 팔면서 직접 돈을 벌었고, 10대에는 신문 배달을 통해 학교 선생님보다 월급이 더 많았다. 당시에는 지금보다 주식투자자도 훨씬 적었고, 지금처럼 인터넷을 통해 자유롭게 정보에 접근하기도 힘든 시대였다. 지금은 과거처럼 가격이 잘못 매겨진 주식을 찾기가 어렵다. 물론 아직도 버핏은 컴퓨터를 투자에 사용하지 않고 있지만, 가장 좋은 정보들은 그에게 가장 빨리 도달한다.

3. 대부분은 버핏과 같은 기질과 마음을 가지고 있지 않다. 버핏은 자신이 충분히 이해하고 있는 능력의 범위에 머무르며, 편향이나 편견에 좌우되지 않고 합리적인 사고를 유지한다. 그리고 그의 주변에는 그와 비슷한 자질을 가진 훌륭한 사람들로 가득 채워져 있다. 버핏은 좋은 투자자가 되기 위해서는 사업 운영 방식을 이해하고 비즈니스 언어인 회계를 알고 특정한 주제를 파고드는 열정을 가지고 있어야 하며, 무엇보다 기질이 가장 중요하다고 강조했다.

4. 버핏처럼 많이 공부하고 독서하지 않는다. 정보를 흡수하는 것은 그의 투자 결과에 중요하게 기여한다. 버핏은 매일 5~6시간 이상을 무언가 읽는 데 투자한다. 매일 5개의 신문을 읽고, 기업의 사업보고서를 읽고, 책, 특히 전기를 읽는다. 좋은 투자 기업과 투자 아이디어는 모두 여기서 나온다.

5. 굳이 버핏처럼 그렇게 열심히 투자할 필요가 없다. 버핏은 직업이 투자자이자 경영자다. 버핏도 일반 투자자에게 인덱스펀드를 추천한다. 버핏처럼 할 수 없으면 인덱스펀드가 좋은 대안이 된다. 그는 자신의 사후에 아내에게도 10%는 단기채권에, 나머지 90%는 수수료가 저렴한 S&P500 인덱스펀드에 투자할 것을 추천했다. 아니면 버크셔 해서웨이 주식에 투자해서 버핏에게 돈을 맡겨도 된다. 앞서 이야기한 투자 기업을 고르지 않는 다른 대안들도 많고, 자산 배분과 직접 투자를 혼합할 수 있는 방법들도 있다.

6. 국내에는 수많은 워런 버핏에 대한 책이 있지만, 대부분 워런 버핏 방식으로 우리나라 시장에 투자할 것을 조언한다. 하지만 우리나라와 미국 시장은 성격 자체가 다르다. 전 세계 주식시장에서의 비중이 2%가 채 안 되고 대부분이 경기 민감 업종의 기업인 우리나라 시장과, 세계 시장의 50% 이상을 차지하고 프랜차이즈 방식으로 전 세계로 확장할 수 있는 사업 모델을 주로 가지고 있는 미국 시장은 다른 방식으로 접근해야 한다. 워런 버핏의 투자 방식은 당연히 그가 나고 자란 미국 시장에 더 적합하다.

7. 당신은 워런 버핏이 아니다. 복제할 수 없는 대가의 방법을 단순히 따라 한다고 해서 쉽게 부자가 될 순 없다. 이 책 전체에서 꾸준히 강조했듯이, 시대와 환경에 맞는 자신만의 독창적인 투자법을 만들려고 노력해야 한다. 남들이 보지 못하고 남들이 가지지 못한 시장에서 자신만의 우위를 발견해내고 만들어야 성공적인 투자자가 될 수 있다. 버핏도 그레이엄의 어깨 위

에 올라 그렇게 했고, 다른 투자의 대가들도 버핏의 어깨에 올라 그렇게 했다. 당신도 그렇게 해야 한다.

8. 우리가 버핏을 통해 배우고 집중해야 할 것은 2가지다. 앞으로 이익이 계속해서 증가할 것 같은 좋은 기업을 골라내고, 내재가치에 비해 싸게 거래되고 있는 기업들을 찾는 것이다. 그러고 나서 확신이 들 때 집중투자하면 된다.

워런 버핏의 후계자들

워런 버핏이 주주총회에서 밝힌 후계자의 조건은 다음과 같다.

첫째, 외부 영입이 아닌 그룹 내 인사 중에서 발탁한다.

둘째, 후임은 10년 이상 경영에 전념할 수 있어야 한다.

셋째, 오만·관료화·자만 등 3대 악폐를 물리칠 결의가 확고해야 한다.

버크셔 해서웨이의 사업 부문을 책임지고 있는 두 사람 중 하나인 아지트 자인은 버크셔에 가장 많은 돈을 벌어다 준 사람 중 하나다. 버핏이 "나와 찰리 멍거 그리고 아지트 자인이 탄 배가 침몰하게 되었다고 치자. 주주 여러분이 한 사람만 구조해야 한다면 누구를 선택하는 것이 좋을까? 아지트 자인을 구해라"라고 할 정도로 신뢰하는 사람이다. 반면 나머지 한 사람인 그레그 아벨은 자인에 비해 젊고 금융 외 부문에 두루 정통하다는 장점이 있다.

사업 외 버크셔 해서웨이의 투자 부문을 책임지는 후계자로, 역시 2명이 경쟁하고 있다. 과거 언론사와의 인터뷰를 보면 버핏의 애플 투자는 투자 부문 후계자 2명 중 한 사람인 테드 웨슬러의 추천이 아닐까, 개인적으로 추측하고 있다. 테드 웨슬러는 버크셔 해서웨이에 들어오기 전에도 직접 펀드를 운용하는 펀드매니저였다. 그가 2000년 1월 14일부터 2011년 12월 9일까지 운용했던 페닌슐라펀드의 수익률은 연평균 25%였다. 같은 기간 S&P500지수의 수익률은 6.72%였으니 버크셔에 오기 전부터 이미 뛰어난 투자자였다. 그는 버핏과의 점심식사 경매에 2년 연속으로 낙찰되어 버핏과 점심식사를 하면서 이야기를 나누기도 했으며, 버핏의 와튼 스쿨 후배이기도 하다.

아마존에 대한 투자는 아마도 토드 콤스가 먼저 시작했을 것이다(물론 내 추측이 틀릴 수도 있다). 토드 콤스 역시 투자회사 캐슬포인트캐피털의 펀드매니저였으며, 버핏처럼 보험업과 금융 부문 투자에 능하다고 한다. 2005년에 350만 달러로 시작해 2010년에는 4억 달러로 투자 규모를 늘렸다. 2010년 찰리 멍거가 먼저 만나본 후 마음에 들어 워런 버핏에게 만나보라고 추천해서 합류하게 된 인재다. 토드 콤스는 버핏의 컬럼비아 대학 후배다.

테드 웨슬러와 토드 콤스 모두 버핏과 멍거의 투자 부문을 이을 후계자로 잘 성장해서 지금은 버크셔 해서웨이 자회사의 연금펀드를 맡아서 운용하고 있으며, 성과가 좋아 투자금을 점점 더 키우고 있다. 2012년에 각각 50억 달러 내외를 운용하다가, 현재는 규모를 키워 각자 150억 달러 내외를 직접 투자하고 있다. 둘과의 계약 구조도 버핏답게 철저히 성과주의로 만들었다. 먼저 관리하는 돈의 0.1%를 급여로 받는다. 10조라면 100억이다. 그리고 성과급으로 S&P500 수익률을 초과하는 금액의 10%를 받는다. 2012년(50억 달러 운용) 기준 S&P500이 16% 수익률을 냈을 때 후계자들은 약 26% 수익을 올려 시장을 10%p 초과해서 급여로 500만 달러, 성과급

· 버크셔 해서웨이 조직 구성도 ·

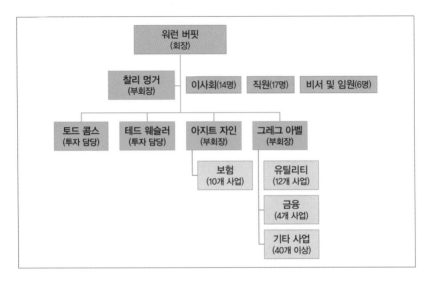

으로 5천만 달러를 받았다. 단, 성과급은 일시불이 아니라 향후 3년간 각각 3분의 1씩 지급받는다.

　최근 이들은 과거 버핏이 그랬듯 투자자의 역할에만 머무는 게 아니라 직접 사업가의 영역으로 뛰어들어 투자자와 사업가 양쪽의 시너지 효과를 배우고 있다. 더 좋은 투자자로 거듭나기 위한 경영 수업의 일환으로 보인다. 최근 토드 콤스는 자동차 보험회사 가이코의 새로운 CEO가 되어 새로운 경력을 추가하게 됐다.

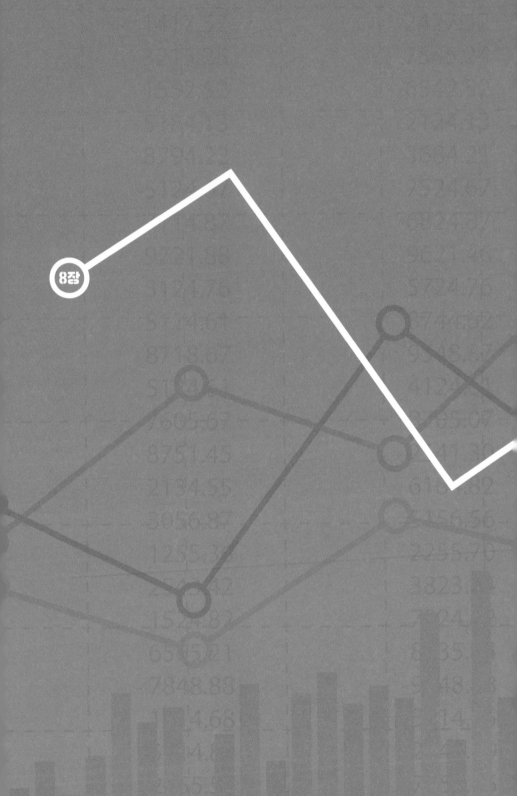

8장

실제 기업 분석 사례

"가장 오래 살아남는 기업은
이 세상에 어떤 독창적인 선물을 할 수 있을지 고민하는 기업이다.
여기에는 단순히 성장 또는 돈뿐만 아니라, 그들의 위대함,
다른 사람에 대한 존경심 혹은 사람들을 행복하게 만드는 능력 등도 포함된다.
어떤 이들은 이걸 영혼이라 부른다."

— 찰스 핸디

10% 이상의 수익률을 목표로 본인이 직접 기업을 골라 투자하겠다면 지금부터 하는 이야기를 꼭 새겨듣길 바란다. 투자할 기업에 대한 정보를 얻는 방법 중 하나는 언론매체에 나오는 투자 고수의 이야기를 듣는 것이다. 요즘은 방송보다 유튜브나 팟캐스트 등을 통해 많은 정보를 얻을 수 있다. 얼마 전 애청하는 팟캐스트 〈신과 함께〉에서 이언투자자문 박성진 대표의 이야기를 들었다. 코로나19로 어려운 상황에서 본인의 가치투자 철학에 대한 이야기를 담담히 풀어놓았는데, 투자를 고민하는 사람이라면 꼭 새겨들어야 할 이야기로 가득하니 들어보길 바란다. 투자자라면 〈신과 함께〉와 〈이리온〉 같은 투자 관련 팟캐스트는 반드시 챙겨 들어야 한다. 과거에는 돈을 지불하고도 듣지 못했을 좋은 콘텐츠들이 많다.

　고수의 이야기를 들었으면 바로 그 회사를 매수하는 게 아니라 스스로의 잣대로 꼼꼼하게 확인해보는 것이 좋다. 예를 들어 여행 산업이 향후 제자리로 돌아가게 되어 주가가 지금보다는 올라갈 것이라고 가정했다면, 먼저 여행사 중에 상장된 회사들은 어떤 회사들이 있으며, 그 회사들과 비교해서 내가 투자하려는 회사의 상태가 어떤지 반드시 직접 확인해봐야 한다. 단순히 ROE, PER, PBR, DY, OPM 같은 숫자들의 상태만 확인하는 건 1차적인 시각이다. 2분기 실적이 발표될 즈음의 숫자들은 지금 확인하는 숫자들과는 완전히 다른 숫자들로 바뀔 것이기 때문이다. 아마도 ROE와 PER의 숫자들은 의미 없는 숫자가 될 것이다. 손익계산서보단 재무상태표와 현금흐름표 위주로 숫자들을 작성해보는 게 좋다. 손익계산서에 적힌 순이익만큼 현금흐름이 들어오고 있는지 확인해보고, 자산의 질은 어떤지(현금은 충분히 확보하고 있는지) 직접 분석해봐야 한다. 당연히 더 좋은 회사가 보이면 그 회사를 조사한다.

경쟁사와 비교해본 뒤 그 회사의 과거와 현재를 함께 비교해봐야 한다. 최소한 10년치의 재무제표를 놓고 그 회사가 어떻게 변해왔는지 꼼꼼히 살펴야 한다. 회사의 밸류에이션을 보여주는 숫자들이 어떻게 변하고 있는지 조사해보고, 의문이 들거나 궁금한 부분이 있으면 직접 관련 정보들을 찾아보거나 회사의 주식 담당자*에게 전화해서 궁금한 부분을 바로 문의해보는 것도 좋다. 요즘은 개인 투자자들의 전화도 잘 받아주는 편이니 어려워할 필요는 없다. 그후에 향후 미래를 가정해보고 숫자들을 작성해봐야 한다. 특히 현재와 같은 비정상적인 상황에서 극단적인 상황이 오더라도 회사가 버텨낼 수 있는지 체크한다. 여행사의 경우 비용의 대부분이 인건비와 광고비일 수 있으니 그 부분을 확인하고, 회사의 보유 현금으로 언제까지 감당할 수 있을지, 부채 상태는 어떤지 확인해보는 게 좋다. 좋은 회사

---

* 주담이라는 약칭으로 부르는데 상장회사는 대부분 주식 담당자나 IR(Investor Relations) 담당자를 두고 있어, 전화나 직접 방문을 통해 궁금한 점을 문의하는 주주들의 질문에 대답하는 업무를 주로 수행한다.

가 일시적인 외부 요인으로 주가가 폭락하면 좋은 매수 기회가 되기도 한다. 여기서 포인트는 정말 좋은 회사인가, 일시적 요인인가, 충분히 할인된 가격인가 체크하는 것이다. 이런 물음에 대한 답을 본인 스스로 판단해야 한다. 이 모든 과정을 거치고 나서야 비로소 투자 여부를 결정하는 것이다. 다시 강조하지만, 직접 투자는 정말 어렵고 힘들다.

이제부터는 기어이 직접 투자하겠다는 독자들을 위해 실제 투자할 기업을 어떻게 분석하는지 내가 그동안 해왔던 방법을 나누고자 한다. 가치평가와 마찬가지로 투자자들은 모두 자신만의 분석틀과 방법론을 가지고 있다. 정답은 없다. 자신에게 맞는 방법을 시간과 경험이 더해지면서 업그레이드할 뿐이다. 특히 산업별로 아주 다른 분석틀이 필요할 수 있다. 그래서 투자를 오래하다 보면 자연스럽게 특정 산업에 집중하게 된다. 버핏이 말한 능력의 범위에 머무르게 되는 것이다. 예시는 국내 기업 대부분이 제조업이므로 그 업종을 택했다.

버핏은 평생 스무 번의 투자 기회밖에 없다는 생각으로 투자에 임하라고 했다. 좋은 기회는 그렇게 많이 오지 않기 때문이다. 버핏은 그렇고 그런 기업을 많이 가지고 있는 것보다, 확실하고 훌륭한 기업 한두 개를 가지고 있는 게 낫다고 생각했다. 분산보다는 집중투자를 강조하는 것이다. 내가 예시로 제시하는 기업이 훌륭한 기업인지는 모르겠지만, 비교적 가장 최근에 분석했던 기업을 통해 가치투자자가 기업을 분석할 때 어떤 부분을 고려해야 하는지 함께 살펴보려 한다. 코로나19의 영향으로 간편식품의 수요가 증가하면서 단기간에 매출이 급증하는 운이 따른 사례다. 예시로 든 기업을 지금 구매하라고 추천하는 것은 절대로 아니다. 가장 최근에 분석한 사례로, 기업 분석 방법을 알아보는 용도일 뿐이다.

삼양식품

"종목 선정은 예술인 동시에 과학이다. 하지만 예술과 과학, 어느 한쪽으로
너무 치우치면 위험해진다. 머리를 대차대조표 더미 속에 처박고
계산에만 몰두하는 사람은 주식투자로 성공하지 못한다.
대차대조표에서 기업의 미래를 알 수 있다면 수학자들과 회계사들이
이 세상에서 가장 부유한 사람이 되어야 할 것이다."

– 피터 린치, 《피터 린치의 이기는 투자》, 흐름출판

기업을 선택한 이유

삼양식품은 삼양라면을 제조하는 회사로, 모든 국민들이 브랜드를 알고
있을 정도로 널리 알려진 기업이다. 따라서 무슨 일을 하는 회사인지 설명
을 길게 나열하지 않아도 된다는 장점이 있다. 한때 삼양식품이 라면 시장
1위를 장기간 유지하던 시기도 있었지만, 1986년 농심에서 신라면을 출시
한 이후로 1위를 농심에 뺏겼으며, 진라면으로 대표되는 오뚜기의 부상으
로 이제는 국내 3위 수준에 머물러 있다. 상위 3개 회사가 국내 라면 시장
의 약 91%를 점유하고 있는 대표적인 독과점 시장이다. 소비자의 입장에서
는 독과점이 싫을 수도 있겠지만, 투자자 입장에서 독과점 기업은 아주 매
력적인 투자 대상이 될 수 있다. 국내 라면 시장은 인스턴트식품을 기피하
고 웰빙식품을 선호하는 추세와 저출산의 영향으로 라면을 주로 먹는 젊은

세대가 꾸준히 줄어들면서, 과거 10년 동안 연평균 2% 내외로 완만하게 성장하고 있는 성숙산업으로 진입하고 있다. 그중 성장성도 없고 시장에서 3등을 하고 있는 삼양식품에 왜 관심을 가지게 되었을까?

대부분의 분석 대상 기업은 앞에서 투자 기업을 고르는 방식에서 언급했던 나만의 방법을 통해 걸러낸 기업 중에서 선택하지만, 삼양식품은 인터넷을 하다가 우연히 아래의 그래프를 보고 관심을 가지게 되었다. 구글트렌드*는 구글이 제공하는 서비스로, 사람들이 특정 기간 동안 구글을 통해 어떤 단어를 얼마나 많이 검색했는지 알려준다. 네이버도 검색어트렌드**서비스를 제공하고 있으니 함께 즐겨찾기 해놓고 자주 이용하면 좋다.

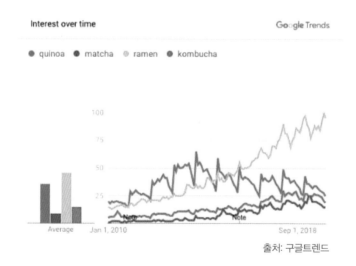

• ramen 검색량 비교 •

출처: 구글트렌드

---

*   https://trends.google.com

**   https://datalab.naver.com

앞의 그림을 보면 2010년부터 현재까지 전 세계에서 라면의 검색량이 꾸준히 증가하고 있는 것을 볼 수 있다. 증가세가 미미하거나 줄어들고 있는 퀴노아나 마차, 콤부차에 비해 트렌드가 꾸준히 우상향하고 있다는 것은 아주 좋은 신호다. 그래서 바로 구글트렌드에 'ramen'을 검색해봤다.

• ramen 검색량(2004~2020년) •

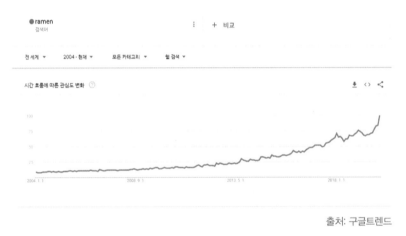

장기간 트렌드가 우상향하고 있고 최근에 가장 높은 관심도를 보이고 있었다. 무슨 이유인지는 모르겠지만, 라면에 대한 관심이 꾸준히 증가하고 있는 것을 확인했다. 투자 기업을 찾을 때 이런 인터넷 서비스를 사용하거나 검색엔진에서 관련 기업의 뉴스 검색을 적극 활용하는 것이 좋다. 과거 워런 버핏이 책상 앞에 앉아 두꺼운 책을 뒤지면서 하나하나 찾던 정보들을 이제는 검색 하나로 순식간에 찾고 정리할 수 있는 시대다. 새롭게 등장하는 서비스와 컴퓨터라는 문명의 이기를 투자에 적극적으로 활용해야 남보다 우위에 설 수 있다.

[뉴시스] 중국 라면시장 '황금시대' 진입, 최대 수혜자는 '한국'?	농심 4위, 삼양 8위
[뉴스핌] 불황에 라면시장 활황? 중국 라면산업 기지개	불황형 소비+배달시장 감소
[KOTRA 해외시장뉴스] 중국 라면시장 동향(2019)	시장성장 다시 회복세, 프리미엄 대세
[KOTRA 해외시장뉴스] 미국 라면시장 동향(2018)	한국라면의 인지도 상승
[선데이저널] 미국진출 라면시장 현미경 분석	일본라면 하락세, 한국라면 상승세

라면 업종 관련 뉴스를 찾아봤더니 라면 산업 전체적으로 좋은 분위기가 감지되었다. 중국에서도 긍정적인 신호들이 포착되었고, 검색어 'ramen'이 증가한 것처럼 미국 시장에서 한국 라면의 인지도도 상승하고 있는 것이 뉴스에서도 확인됐다.

경쟁업체

이제 본격적으로 라면 시장을 과점하고 있는 3개 회사에 대해 알아보려 한다. 라면 시장에 대해 조사한 것은 2019년 하반기로, 모든 데이터는 그때를 기준으로 한다. 당시 조사했던 라면 회사 3사의 전반적인 밸류에이션은 다음 표와 같았다.

· 라면 회사 3사의 밸류에이션 ·

기업명	OPM	ROE	PER	PBR	DY	A/E	ROIC
삼양식품	14.58%	16.59	16.85	2.80	0.40%	68.24%	19.73%
농심	3.34%	3.87	18.23	0.71	1.78%	39.08%	2.85%
오뚜기	7.23%	8.04	18.92	1.52	1.41%	63.97%	9.14%

당시 음식료 섹터의 12개월 평균 Forward PER*이 12 정도였던 것을 감안하면 PER이 비슷하게 높은 편이었지만, 삼양식품의 가치지표들이 전반적으로 우수했다. 특히 워런 버핏이 중요하게 보는 ROE와 ROIC가 15% 이상으로 3사 중 가장 매력적으로 보였다.

바로 기업의 사업보고서를 조회할 수 있는 전자공시시스템 다트**로 들어가서 삼양식품의 사업보고서를 조사했다. 당시는 2019년 3분기 보고서***까지 나와 있었다. 분기보고서에 나타난 시장점유율은 앞서 이야기한 대로 국내 3위를 꾸준히 유지하고 있었다. 농심과 오뚜기의 3분기 사업보고서를 함께 읽어보면서 엑셀 프로그램에 시장점유율 표를 채우고 다음과 같은 표를 만들었다.

• 국내 라면 3사 시장점유율 및 국내 라면시장 규모 •

기간	구분	삼양식품(주)	농심	오뚜기	기타	3사 시장점유	국내라면시장(억)
2019년 3분기	라면	11.20%	54.0%	26.2%	8.6%	91.40%	
2018년	라면	12.20%	54.0%	28.0%	5.8%	94.20%	21,500
2017년	라면	11.10%	56.2%	25.9%	6.8%	93.20%	21,000
2016년	라면	10.70%	55.2%	25.6%	8.5%	91.50%	21,600
2015년	라면	11.40%	61.5%	24.5%	2.6%	97.40%	19,600
2014년	라면	13.30%	64.3%	19.3%	3.1%	96.90%	19,100
2013년	라면	11.60%	68.9%	자료 없음	19.5%		19,700
2012년	라면	13.80%	65.4%	자료 없음	20.8%		19,500
2011년	라면	12.70%	68.1%	9.9%	9.3%	90.70%	19,600

---

* 과거 순이익이 아닌 향후 12개월 동안 벌어들일 순이익을 추정해서 현재 주가와 비교한 PER이다.

** http://dart.fss.or.kr

*** 대체로 사업보고서는 12월 결산 기업인 경우 다음 해 3월 30일, 1/4분기 보고서는 5월 15일, 2/4분기 반기 보고서는 8월 15일, 3/4분기 보고서는 11월 15일까지 나온다. 공휴일 유무에 따라 조금씩 달라진다.

국내 라면 시장은 2018년 기준 약 2조 1,500억 원으로 몇 년간 비슷한 수준에 머무르고 있다. 특히 2015년부터 오뚜기(진라면)의 약진이 눈에 띈다. 삼양라면은 11~12%를 꾸준히 유지하고 있었다.

• 라면 시장 점유율(1980~2019년) •

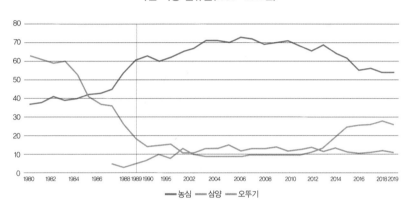

농심 ━ 삼양 ━ 오뚜기

위 도표는 각사 사업보고서와 신문기사 및 유튜브를 참고하여 만든 것으로, 1980년부터 2019년까지의 라면 시장 점유율을 한눈에 볼 수 있다. 다시한번 강조하지만, 최근에는 유튜브에 좋은 정보들이 특히 많아졌기 때문에 특정 정보를 검색할 때 유튜브를 염두에 두고 검색해야 한다. 도표에서 세로로 빨간 줄이 그어진 곳이 우지 파동이 있었던 1989년이었는데, 사람들은 우지 파동 이후에 삼양라면 점유율이 농심에 뒤처진 줄 알고 있지만 이미 그 전부터 농심에게 1위를 빼앗긴 것을 알 수 있다.

삼양식품에 대해 조사하기 위해 인터넷 검색창에 삼양라면을 검색했더니, 가장 먼저 나온 연관 검색어가 '불닭볶음면'이었다.

라면 3사의 과거 주가가 어떠했는지 네이버에서 조회했을 때, 시장점유

율 3위인 삼양라면의 주가 상승이 가장 높았다. 2016년부터 주가가 급등했는데, 이는 불닭볶음면의 히트 덕분이었다. 이 라면은 젊은 사람들은 누구나 알고 있는 히트 상품이다.

오른쪽 그래프는 국내 라면 3사의 주가 변화를 보여주는 자료다. 오뚜기는 진라면의 선전으로 2010년부터 2016년까지 주가가 꾸준히 우상향했다가 최근에 정체 중이었고, 농심은 점유율 정체와 하락에 따라 주가가 제자리걸음을 하고 있었다. 물론 2020년 초 봉준호 감독의 〈기생충〉이 아카데미 시상식에서 4관왕을 차지하면서 영화에 나온 '짜파구리(짜파게티+너구리)'가 전 세계적으로 히트한 데다 코로나19의 영향으로 최근에 주가가 상승하고 있지만, 2019년 하반기만 하더라도 주가는 제자리에서 조금씩 하락하고 있었다. 후견지명으로 이야기하는 게 되었지만, 당시 라면 3사에 골고루 투자했더라도 좋은 결과가 있었을 것이다.

삼양식품이 2015년부터 불닭볶음면이라는 히트 상품 출시로 대박이 났

출처: 네이버금융

다지만, 벌써 5년이나 지났으니 매운 라면의 인기도 줄어들지 않을까 싶어서 검증해보기로 했다. 이번에도 인터넷을 이용했다. 사람들이 많이 모여 있는 네이버카페와 커뮤니티 사이트에서 불닭볶음면을 검색해보고, 중국 인터넷 판매 사이트에도 직접 들어가서 찾아봤다.

커뮤니티 사이트에서 검색해보니 미국, 일본, 싱가포르, 인도네시아에 살고 있는 교민들의 글을 볼 수 있었고, 매장에서 눈에 잘 띄는 좋은 자리에 놓여 여전히 외국인들의 사랑을 받으면서 잘 팔리고 있음을 알 수 있었다. 먹방 유튜버 '영국남자'에서 시작된 불닭볶음면의 도전 유튜브(파이어 누들 챌린지)가 아직도 꾸준히 사랑을 받으면서 비슷한 영상이 수백 개가 넘게 올라오고 있었고, 그 덕분인지 삼양식품의 전체 해외 매출 중 약 80%가 불닭볶음면 브랜드였다.

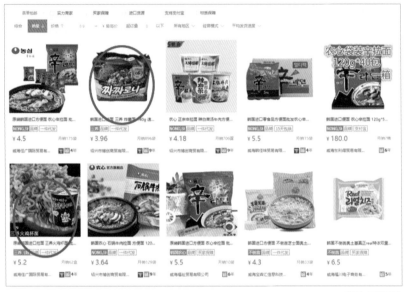

출처: 알리바바

중국의 인터넷 판매 사이트에서 판매량순으로 라면을 조회해보니, 농심의 신라면이 여전히 우위를 차지하고 있지만 삼양라면의 짜짜로니와 불닭볶음면도 상위권에 위치해 있었다. 특히 중국에서는 불닭볶음면의 유사 상품이 난립하고 있는 등 유명세를 치르고 있었다. 좋은 징조였다. 세계 최대의 인터넷 판매 사이트 아마존에서도 검색해봤다.

아마존 초이스(Amazon's Choice)에서 농심의 신라면과 삼양식품의 불닭볶음면이 나란히 자리하고 있었다. 국내를 넘어 세계적인 브랜드로 인지도를 넓혀가고 있는 중임을 확인했다. 세계 라면 시장의 크기는 중국이 압도적

출처: 아마존

으로 1위다. 그 뒤를 인도네시아와 인도, 일본이 뒤따르고 있고, 미국은 5위 그리고 우리나라가 세계 8위 시장이다. 그만큼 중국과 동남아시아, 일본과 미국이 중요한 시장이다.

마지막으로 ramen이 아니라 불닭볶음면을 의미하는 'spicy chicken ramen'을 구글트렌드에서 검색했다. 마찬가지로 좋은 흐름을 보여주고 있었다. 합격이다.

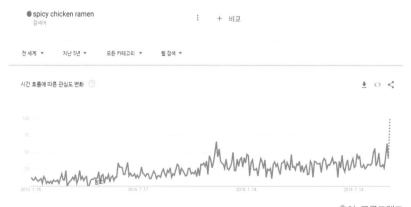

• spicy chicken ramen 검색량(2015~2020년) •

출처: 구글트렌드

PQC 분석

제조업의 매출은 가격(P)과 판매량(Q)에 의해 결정된다. 여기서 비용(C)을 빼면 이익이 나온다. 기업의 이익은 P×Q-C의 함수인 것이다. 가격(P)이 올라가거나 판매량(Q)이 늘어나거나 비용(C)이 줄어들면 기업의 이익은 증가한다. 지금까지 해외 외국인들의 수요 증가와 인지도 상승으로 불닭볶음면의 수출이 증가하면서 판매량(Q)이 증가하고 있음을 대략적으로 살펴봤다. 이를 수치로 확인해보자.

· 삼양식품의 수출 비중과 성장률 ·

품 목		제59기 3분기	제58기 3분기	예상 (2019년)	제58기 (2018년)	제57기 (2017년)	제56기 (2016년)	제55기 (2015년)	제54기 (2014년)	5Y CAGR
면	수출	186,992	154,194	249,323	198,545	203,692	91,673	29,415	21,678	63.0%
	내수	163,414	180,987	217,885	236,947	209,483	220,154	207,189	231,303	-1.2%
	합계	350,406	335,181	467,208	435,492	413,175	311,827	236,604	252,981	13.1%
수출비중		53%	46%	53%	46%	49%	29%	12%	9%	
수출성장률				26%	-3%	122%	212%	36%	7%	

최근 5년간 수출은 연평균 63%씩 성장했다. 엄청난 수치다. 반면에 내수는 -1.2%로 거의 제자리임을 알 수 있다. 2016년과 2017년에 수출은 세 자릿수로 성장했고, 사드의 영향으로 잠시 줄었다가 2019년에 다시 회복하고 있음을 볼 수 있다. 2018년 기준으로 불닭볶음면은 전체 수출의 87%를 차지했고 전체 매출에서 65%를 담당했다. 삼양식품 전체에서 수출이 미치는 영향은 크지만, 중국 점유율 0.3%, 미국 점유율 0.9%, 태국 점유율 0.8%로, 아직도 각 국가 내에서 삼양식품의 비중이 미미하기 때문에 최소 3년 후까

지 제품 포트폴리오 확장 없이 유통 커버리지 확대만으로도 고성장을 기대할 수 있을 것으로 보았다.

이제 가격(P)을 살펴보자.

• 라면 가격의 변화 •

품 목	제59기 3분기	제58기	제57기	제56기	제55기	제54기
삼양라면	23,628(120g×40)	23,628(120g×40)	23,628(120g×40)	22,176(120g×40)	22,176(120g×40)	22,176(120g×40)
불닭볶음면	30,272(140g×40)	30,272(140g×40)	30,272(140g×40)	28,820(140g×40)	28,820(140g×40)	28,820(140g×40)
큰컵삼양라면	12,848(11g×16)	12,848(115g×16)	12,848(115g×16)	12,232(115g×16)	12,232(115g×16)	12,232(115g×16)
큰컵불닭볶음면	16,104(105g×16)	16,104(105g×16)	16,104(105g×16)	14,960(105g×16)	14,960(105g×16)	14,960(105g×16)

농심				53		
신라면	24,332(120g×5×8)	24,332(120g×5×8)	24,332(120g×5×8)	24,332(120g×5×8)	23,012(120g×5×8)	
짜파게티	27,720(140g×5×8)	27,720(140g×5×8)	27,720(140g×5×8)	27,720(140g×5×8)		
안성탕면	21,780(125g×5×8)	21,780(125g×5×8)	21,780(125g×5×8)	21,780(125g×5×8)	20,460(125g×5×8)	

오뚜기		2,134	2,130	2,137	2,141	2,128

출처: 각 사 사업보고서

이 표도 라면 3사의 사업보고서에서 제품 가격 부분을 하나하나 엑셀로 옮겨 정리한 것이다. 주황색으로 표시한 부분이 가격 인상이 있었던 시기다. 삼양식품과 농심은 2016년 12월 즈음에 원재료값 상승 등을 이유로 라면값을 올렸지만, 오뚜기만 동결했다. 오뚜기는 업계에서 유일하게 10년 동안 가격을 인상하지 않았다. 사람들이 오뚜기를 '갓뚜기'라고 부르는 이유 중 하나다. 2016년 가격 인상 후 아직까지 가격 인상이 없었다. 라면 시장은 완전 경쟁이 아닌 과점시장으로, 고객에게 가격 전가가 쉬운 시장이다. 최근 3~4년 동안 가격 인상이 없었다는 이야기는 좋은 신호다. 삼양식품을 제외한 나머지 2개 사의 영업이익률이 한 자릿수로 낮기 때문에 가격 인상의 명분도 충분한 상황이다.

이제 비용(C)을 살펴보자. 제조업의 비용은 크게 인건비와 원재료의 가격 동향을 체크해보면 된다. 라면이나 식료품의 원재료는 밀가루와 전분, 원유와 팜유 같은 것이 있으며, 이 내용도 사업보고서의 비용 부분에 잘 정리되어 있다. 단순히 당기의 사업보고서나 분기보고서만 볼 것이 아니라, 과거 몇 년치 사업보고서를 함께 분석해야 한다. 이런 작업은 손이 많이 가긴 하지만 기업을 제대로 분석하기 위해서는 반드시 해야 할 일이다.

· 삼양식품의 원재료 및 인건비 추이 ·

사업부문	구분	2019년 중	2018년 중	2017년 중	2016년 중	2015년 중	2014년 중	2013년 중	2012년 중	7년 CAGR
면/스낵	전용5호	760.17	787.85	822.88	835.01	838.88	886.95	842.55	842.22	-1.5%
	강력1급	727.45	753.55	801.86	813.74	822.85	852.37	847.61	847.65	-2.2%
	변성전분	1126.66	1151.84	1194.24	1142.52	1044.65	1135.46	1347.65	1359.29	-2.6%
	타피오카	803.88	725.28	733.17	760.75	801.00	768.81			0.9%
	팜유	925.94	970.33	1090.75	983.68	934.37	1092.90	1096.47	1293.96	-4.7%
조미소재	탈지대두	720.82	709.00	817.70	865.66	869.39	929.43	973.00	900.30	-3.1%
유가공	원유	1131.17	1100.56	1108.58	1142.99	1146.78	1145.24	1050.86	1044.13	1.2%

직원 수		1,580	1,469	1,491	1,243	1,107	1,106	1,128	1,271	3.2%
평균급여		37,657	36,325	33,709	33,840	34,557	32,586	32,939	30,254	3.2%
급여총액		59,498,587	53,361,425	50,260,119	42,063,120	38,254,599	36,040,116	37,155,192	38,452,834	6.4%
매출		391,714,627	469,355,767	458,483,886	359,321,174	290,854,624	314,631,901	302,700,000	325,800,000	6.3%
급여/매출		11.4%	11.4%	11.0%	11.7%	13.2%	11.5%	12.3%	11.8%	
3분기 평균급여			28,243							
3분기 급여총액			44,623,940							

원재료 모두 7년 동안 상승률이 마이너스 아니면 제자리에 머물고 있다. 원재료 가격 인상이 거의 없었다. 직원의 수가 늘어난 만큼 인건비도 증가

하고 있다. 2017년에 200명이 넘게 직원 수가 증가한 게 눈에 띈다. 2019년 말에도 100명 가까이 늘어났다. 제조회사가 종업원을 확충한다는 것은 공장이 바삐 돌아가고 있다는 증거다. 일이 없으면 종업원의 수가 줄어든다. 매출의 상승 6.3%와 거의 비슷하게 급여 총액도 6.4%로 증가하고 있다.

정리해보면 삼양식품의 제품 판매량은 대표 상품인 불닭볶음면의 호조로 인한 해외 수출 증가로 꾸준히 증가하는 것으로 보이고, 제품 가격은 2016년 인상 후 4년 동안 제자리에 머물러 있으며, 비용은 안정적인 흐름을 보이고 있다. 직원 수가 최근 2년 급속히 증가하고 있지만, 매출 성장과 함께하고 있어 크게 걱정할 상황은 아니다. 이제 증가한 직원들이 일할 수 있는 공장의 생산 능력이 충분한지 체크해보자.

· 생산 능력 및 생산 실적 ·

생산 능력

사업부문	품목	사업소	제59기 3분기	제59기 연간	제58기 연간	제57기 연간	제56기 연간	제55기 연간	제54기 연간	제53기 연간	제52기 연간	CAGR
식품의 제조 및 판매	면·스낵	원주공장	343,175	457,567	424,636	329,734	311,352	302,016	310,533	288,531	255,183	8.7%
	면·스낵	익산공장	87,865	117,153	109,839	100,819	80,181	82,295	86,705	78,399	81,911	5.2%
	우유류	원주공장 (문막)	24,465	32,620	41,115	58,800	62,000	58,300	58,300	58,200	56,100	−7.5%
	조미 소재류	원주공장	6,832	9,109	8,894	8,808	9,012	9,370	9,927	10,071	9,452	−0.5%
합 계			462,337	616,449	584,484	498,161	462,545	451,981	465,465	435,201	402,646	6.3%

생산 실적

사업부문	품목	사업소	제59기 3분기	제59기 연간	제58기 연간	제57기 연간	제56기 연간	제55기 연간	제54기 연간	제53기 연간	제52기 연간	CAGR
식품의 제조 및 판매	면·스낵	원주공장	194,967	259,956	243,629	222,948	166,542	129,377	139,404	128,909	147,734	8.4%
	면·스낵	익산공장	63,069	84,092	73,595	90,794	68,030	50,192	53,860	51,687	56,398	5.9%
	우유류	원주공장 (문막)	9,589	12,785	11,942	14,622	19,764	23,923	26,788	28,159	28,221	−10.7%
	조미 소재류	원주공장	6,470	8,627	8,618	8,905	7,555	6,248	4,851	5,139	5,093	7.8%
합 계			274,095	365,460	337,784	337,269	261,891	209,740	224,903	213,894	237,446	6.4%

가동률

사업소	제59기 3분기	제59기 연간	제58기 연간	제57기 연간	제56기 연간	제55기 연간	제54기 연간	제53기 연간	제52기 연간
원주공장	56.81%	56.81%	57.37%	67.61%	53.49%	42.84%	44.89%	44.68%	57.89%
익산공장	71.78%	71.78%	67.00%	90.06%	84.85%	60.99%	62.12%	65.93%	68.85%
원주공장 (문막)	39.19%	39.19%	29.05%	24.87%	31.88%	41.03%	45.95%	48.38%	50.30%
원주공장	94.70%	94.70%	96.90%	101.10%	83.83%	66.68%	48.87%	51.03%	53.88%
합 계	59.28%	59.28%	57.79%	67.70%	56.62%	46.40%	48.32%	49.15%	58.97%

면과 스낵을 만드는 공장은 가동률이 56.8%로 경쟁사인 농심의 59.9%와 비슷한 상황이지만, 조미 소재를 만드는 원주 공장은 가동률이 94.7%로 포화상태다. 2017년에는 100%를 넘어서기도 했다. 익산 공장도 2017년 가동률이 90%까지 올랐다가 최근 72% 정도를 유지하고 있다. 조금씩 가동률이 목까지 차오르고 있는 상황이었는데, 아니나 다를까 2019년 12월에 밀양나노융합 국가산업단지의 약 2만 평을 취득한다는 유형자산 취득 공시가났다. 비용은 총 290억 원이 들었다. 2022년 3월 말까지 989억 원을 투자해 신규 생산 3라인을 만들 예정이다. 수출 물량을 실어 나르기 쉽게 부산과 가까운 곳에 공장을 신축해서 물류 비용을 절감할 수 있게 됐지만, 유형자산 투자에 따른 감가상각 비용의 증가로 향후 순이익은 줄어들 가능성이 있다는 것도 참고해야 한다.

지금까지 제조업의 PQC 분석을 마쳤다. 이제는 가장 중요한 재무제표를 살펴볼 차례다. PQC 분석과 마찬가지로 재무상태표, 손익계산서, 현금흐름표를 볼 때는 당기의 사업보고서만 보는 게 아니라 과거 몇 년치를 따로 따로 뜯어내고 붙여서 함께 살펴봐야 추세를 확인할 수 있다. 시간이 많이 걸리고 손이 많이 가더라도 꼭 직접 해봐야 한다.

• 손익계산서 •

구분	3개월	누적	3개월	누적	제 58 기	제 57 기	제 56 기	제 55 기	제 54 기
매출액	137,641,562,216	391,714,627,332	110,155,844,291	359,551,644,661	469,355,767,365	458,483,886,034	359,321,174,338	290,854,624,001	314,631,900,913
매출원가	97,541,256,885	278,687,156,005	80,483,524,486	262,920,319,854	343,785,972,926	340,543,103,077	267,356,531,600	219,185,748,589	237,309,270,973
매출총이익	40,100,305,331	113,027,471,327	29,672,319,805	96,631,324,807	125,569,794,439	117,940,782,957	91,964,642,738	71,668,875,412	77,322,629,940
매출총이익률	29.1%	28.9%	26.9%	26.9%	26.8%	25.7%	25.6%	24.6%	24.6%
판매비와관리비	19,134,730,966	55,914,347,855	16,976,790,688	52,888,933,263	70,392,694,682	74,620,412,413	66,691,117,737	64,520,061,398	67,607,985,909
영업이익	20,965,574,365	57,113,123,472	12,695,529,117	43,742,391,544	55,177,099,757	43,320,370,544	25,273,525,001	7,148,814,014	9,714,644,031
영업이익률	15.2%	14.6%	11.5%	12.2%	11.8%	9.4%	7.0%	2.5%	3.1%
기타수익	1,864,029,870	5,505,554,305	563,577,608	3,076,229,955	6,091,677,738	2,156,465,354	6,302,680,211	1,551,622,124	1,507,617,706
기타비용	762,601,328	4,565,123,536	382,711,413	2,577,105,355	8,228,755,830	10,084,752,601	2,393,262,422	4,114,434,284	1,315,936,056
금융수익	590,428,256	2,679,134,064	165,316,828	3,904,246,889	2,549,198,275	1,083,648,709	404,478,724	1,050,834,046	2,340,188,753
금융원가	139,296,708	1,572,650,744	423,216,442	1,180,755,711	2,955,180,819	1,263,508,355	1,037,531,453	1,466,717,353	1,795,170,601
관계기업 및 공동기업 순이익	113,207,772	93,686,625	113,876,289	3,171,035	1,217,045,486	441,457,982	-3,888,091,392	-4,248,297,952	-3,299,039,195
법인세비용차감전순이익	22,631,342,227	59,253,724,186	12,732,371,987	46,968,178,357	53,851,084,607	35,653,681,633	24,661,798,669	-78,179,405	7,152,304,638
법인세비용	6,219,332,330	13,104,494,076	2,481,623,630	10,830,410,988	18,546,554,088	6,549,906,116	5,868,680,881	3,325,143,691	3,083,816,086
분기순이익	16,412,009,897	46,149,230,110	10,250,748,357	36,137,767,369	35,304,530,519	29,103,775,517	18,793,117,788	-3,403,323,096	4,068,488,552
분기순이익률	11.9%	11.8%	9.3%	10.1%	7.5%	6.3%	5.2%	-1.2%	1.3%
분기순이익의 귀속									
지배기업의소유주지분	16,155,097,918	45,650,332,369	10,063,355,999	35,546,662,255	34,823,057,084	28,681,269,992	18,310,321,058	-3,152,165,523	4,060,500,809
지배기업 순이익률	11.7%	11.7%	9.1%	9.9%	7.4%	6.3%	5.1%	-1.1%	1.3%
비지배지분순이익	256,911,979	498,897,741	187,392,358	591,105,114	481,473,435	422,505,525	482,796,730	-251,157,573	7,987,743
총 포괄순이익 귀속									
지배기업의소유주지분	15,860,443,273	42,968,264,272	10,008,003,481	34,629,759,930	32,707,277,086	25,924,645,812	14,812,388,858	-2,581,380,773	2,973,636,433
비지배지분순이익	256,911,979	499,079,246	187,392,358	596,862,144	489,672,435	769,943,307	565,447,882	-244,462,150	22,994,725
주당이익									
기본주당이익(손실) (단위: 원)	2,144	6,060	1,336	4,719	4,623	3,808	2,431	-418	539
희석주당이익(손실) (단위: 원)	2,144	6,060	1,336	4,719	4,623	3,808	2,431	-418	539

앞의 표는 5년치 사업보고서의 손익계산서 부분을 따로 모아서 정리한 것이다. 매출액의 추이와 매출총이익률, 영업이익률, 당기순이익률 같은 중요한 숫자들이 과거부터 어떻게 변해왔는지 한눈에 볼 수 있다. 54기가 2014년으로, 당시 영업이익률은 3%에 불과했지만, 2019년에는 15%까지 상승한 것을 볼 수 있다. 회사가 드라마틱하게 좋아지고 있음을 숫자로 확인할 수 있다.

기업의 재무제표 분석에서 가장 중요하게 보는 표는 오른쪽의 종합표다. 이 자료는 삼성증권 HTS의 종목번호 0611 재무추이를 선택하면 나오는 자료다. 연도별 또는 분기별 자료를 엑셀로 다운받고 행열 전환과 같은 간단한 방법으로 자료를 정리할 수 있다. 각 증권사 HTS마다 장단점이 있는데, 삼성증권 HTS에서는 이와 같이 기업 재무제표 추이를 한눈에 볼 수 있는 자료를 제공하고 있어서 즐겨 사용한다. 다른 증권사의 HTS에도 비슷한 서비스가 있을 것이다. 간단한 손익계산서와 현금흐름표가 한 장의 표에 모두 들어 있으며, 중요한 가치지표들을 일목요연하게 10년 이상 한자리에서 확인할 수 있는 장점이 있다. 이 표를 통해 향후 가치지표들이 어떻게 바뀌어나갈지 예측하기도 한다.

기업가치

당시 2019년 실적이 아직 나오지 않은 상태였지만, 추세에 따라 예측해 봤다. 매출액 5,431억 원, 영업이익 816억 원, 당기순이익 634억 원을 예상했는데, 2020년 3월 31일 발표된 2019년 실적은 5,436억 원(5억 원 차이), 영

• 삼양식품 재무제표 종합 •

결산년도	02년	03년	04년	05년	06년	07년	08년	09년	10년	11년	12년	13년	14년	15년	16년	17년	18년	19년 추정	시가총액(억)
주가	3,995	2,760	6,700	22,900	19,750	17,150	14,200	19,450	18,050	38,050	24,350	24,650	21,250	27,600	40,550	96,800	52,000	100,000	7,533
매출액(억원)	2,120	2,275	2,746	2,747	2,401	2,477	2,794	2,985	2,734	2,987	3,258	3,027	3,146	2,909	3,593	4,585	4,694	5,431	
영업이익(억원)	115	184	211	149	196	99	253	252	116	148	76	102	97	71	253	433	552	816	
영업이익률	5.44	8.07	7.66	5.43	8.18	3.97	9.06	8.44	4.23	4.96	2.33	3.36	3.08	2.45	7.03	9.44	11.75	15.02	
영업이익증가율	-39.13	59.15	14.6	-29.15	31.7	-49.86	157.09	-0.43	-54.05	31.1	-48.8	34.19	-4.65	-26.41	253.53	71.4	27.37	47.88	
순이익(억원)	-1,021	506	122	131	163	42	176	188	85	96	53	34	41	-34	188	291	353	634	
순이익률	-48.16	22.24	4.44	4.77	6.79	1.70	6.30	6.30	3.11	3.21	1.63	1.12	1.30	-1.17	5.23	6.35	7.52	11.67	
자기자본(억원)	-667	41	163	292	456	497	673	853	922	1,575	1,612	1,639	1,661	1,625	1,775	2,031	2,344	2,931	
EPS(원)	-70,825	12,816	1,953	2,045	2,474	638	2,662	2,856	1,288	1,375	728	486	539	-418	2,430	3,807	4,622	8,303	
BPS(원)	-46,262	649	2,602	4,431	6,914	7,544	10,206	12,938	13,980	20,569	21,083	21,486	21,781	21,338	23,270	26,561	30,653	38,587	
PER(배)	–	0.21	3.42	11.19	7.98	26.87	5.33	6.8	14	27.67	33.4	50.69	39.42	–	16.68	25.42	11.24	11.88	
PBR(배)	-0.08	4.25	2.57	5.16	2.85	2.27	1.39	1.5	1.29	1.84	1.15	1.14	0.97	1.29	1.74	3.64	1.69	2.57	
ROE(%)	698.78	-161.6	120.16	57.62	43.62	8.82	29.99	24.68	9.57	7.95	3.5	2.28	2.49	-1.94	10.89	15.28	16.16	21.63	16.0
PSR(배)	0.03	0.08	0.15	0.55	0.54	0.46	0.34	0.43	0.44	0.96	0.56	0.61	0.51	0.71	0.85	1.59	0.83	1.25	
EV/EBITDA	10.56	5.62	5.23	11.22	8.26	12.4	5	5.7	9.23	15.63	15.58	16.17	13.14	33.64	9.95	17.19	6.05	8.29	
EV(백만)	186,967	132,421	135,306	218,051	194,374	168,314	145,342	165,699	142,463	288,907	202,756	202,424	187,148	231,065	310,073	737,592	388,501	730,300	
EBITDA(백만)	17,697	23,541	25,868	19,419	23,521	13,565	29,052	29,039	15,429	18,476	13,007	12,512	14,235	6,866	31,154	42,887	64,137	88,000	
부채비율	-406.6	4,952.82	1,088.12	585.77	325.15	308.59	212.7	146.09	129.81	104.29	80.26	82.19	80.36	82.44	84.01	96.04	75.81	–	
배당수익률	–	–	–	–	–	–	1.4	1.28	0.55	0.39	–	0.4	0.47	0.18	0.36	0.25	0.76	0.4	
주당배당금(원)	–	–	–	–	–	–	200	250	100	150	–	100	100	50	150	250	400	400	
실제배당금(원)	–	–	–	–	–	–	200	250	100	150	–	100	100	50	150	250	400	400	
SPS(원)	147,020	57,608	43,872	42,854	36,417	37,579	42,376	45,277	41,464	41,815	43,255	40,187	41,767	38,610	47,699	60,863	62,306	72,089	
CFPS(원)	-66,557	14,125	2,722	2,747	3,062	1,201	3,227	3,436	1,872	3,245	485	1,970	1,630	1,735	4,934	5,785	5,043	9,442	
유보율	-1,025.25	-87.01	-47.94	-11.37	38.29	50.9	104.13	158.75	179.59	298.61	308.18	316.39	323.5	310.58	355.43	421.61	504.19	–	
영업CF	23	73	162	222	37	67	80	190	177	232	37	148	123	131	372	436	380	0	2890
투자CF	365	82	361	-47	-14	-17	13	-112	-11	-254	-66	91	-198	-70	-177	-456	-230	0	-740
재무CF	-347	-102	-537	-169	-32	-18	-20	-127	-95	70	-232	-28	-25	-24	-29	121	-112	0	-1706
순현금	0	0	0	0	0	0	0	0	0	48	-261	209	-101	38	172	88	38	0	231

업이익 783억 원(예측보다 33억 원 줄었다), 당기순이익 600억 원(지배순이익
은 595억 원으로으로 예측보다 40억 원 줄었다. 일반적으로 4/4분기에는 비용을 많
이 반영해서 이익이 예상치보다 줄어드는 경향이 있다)이었다. 분기 실적을 정
확하게 맞추는 게 중요한 것이 아니라, 실적의 추이를 예측하는 게 중요하
다. 당시 시가총액 7,533억 원에 예상순이익 634억 원을 가지고 PER을 계
산하면 11.9여서, ROE 20%와 향후 수출 증가율을 감안한 높은 성장성을
고려했을 때 아직 싸다고 생각했다.

　앞서 기업의 가치평가에서 이야기했던 간단한 가치평가 방법을 이용하
면, 당기순이익 약 600억 원에 최근 4년 평균 ROE 16을 곱하면 9,600억 원
정도가 적정 가치로 나온다. 약 30% 정도 상승 여력이 있었다. 회사의 매
출이 약 13%로 성장하고 있지만, 특히 수출 성장률은 2배가 넘는 26%로 성
장하고 있기 때문에 이런 성장성을 바탕으로 PER의 재평가가 이루어진다
면 업사이드가 열릴 수 있을 것으로 보았다. 향후 10년 동안 성장률 평균을
11.15% 정도로 놓고 DCF로 계산한 상방의 가치는 대략 1.17조 원까지 볼
수 있다. 물론 이것은 아주 낙관적인 시나리오임을 감안해야 한다.

• 현금흐름할인법을 이용한 삼양식품의 기업가치 •

성장률	연도	순이익(ROS)	현재가치(PV)
15%	D	577	557
19%	D+1	688	598
19%	D+2	820	620
19%	D+3	977	642
10%	D+4	1,070	612
10%	D+5	1,173	583
10%	D+6	1,285	556

6%	D+7	1,367	514
6%	D+8	1,453	475
6%	D+9	1,545	439
6%	D+10	1,642	406
14.00	Sale Price	22,998	5,685
11.15%	시가총액		11,687
131,000	적정가		154,554

※ 2020년 6월 기준

2020년 6월에 최고가 14만 원을 찍고 현재 시가총액 약 9,700억 원을 오르락내리락하고 있다. 당시 목표 가격을 6개월도 안 되는 짧은 기간에 넘어섰다. 코로나19로 많은 기업들이 어려움을 겪고 있지만, 도시 봉쇄로 외출이 어려워진 사람들이 인터넷을 통해 인스턴트식품을 구입하면서 그 효과를 라면 업체들이 톡톡히 보고 있는 셈이다. 당시 기업 분석을 할 때 이런 부분은 전혀 예상조차 하지 못한 일이었다. 불과 몇 달 후 전 세계가 코로나19로 어려움을 겪게 될 줄 누가 예상조차 할 수 있었겠는가? 투자자는 투자 과정에 집중해야지, 결과에는 운이 많이 작용하기 때문에 그것 역시 투자의 일부분임을 받아들여야 한다. 워런 버핏은 보험업의 특성상 미국 본토가 핵무기 공격을 받을 가능성까지 염두에 두고 모든 것을 계산했지만, 코로나19 같은 전염병으로 전 세계가 락다운되는 초유의 사태는 아마 예상조차 못했을 것이다. 지금은 70년을 성공해온 투자의 대가조차 기업 가치 평가의 기본 전제조건을 처음부터 다시 재정립해야 하는 초유의 일이 벌어지고 있는 것이다.

정리하면 당시 기업 분석을 통해 확인한 삼양식품의 강점은 다음과 같다.

1. 수출 증가로 인해 향후 매출이 급증할 것으로 예상된다.
2. 중국 총판 변경과 한한령 해제에 따라 한식 열풍 수혜도 예상된다.
3. 미국과 유럽 등 기존에 없었던 새로운 시장이 열리고 있다.
4. 라면 업계가 전반적으로 이익률이 낮아 향후 가격 인상의 명분이 존재한다.
5. 불닭볶음면의 제품 단가 자체가 경쟁사에 비해 높아 영업이익률이 높다.

반면 삼양식품의 약점은 다음과 같다.

1. 오너일가 50억 원 횡령 사건(대주주의 도덕성 문제)
2. 단일 제품에 의존성이 높다. 수출이 꺾이면 주가 하락의 우려가 있다.
3. 유형자산 투자 증가로 향후 FCF가 나빠질 수 있다.

이렇게 정리할 수 있었다. 1번과 같은 단점이 있다면 당연히 투자 대상에서 제외해야 하지만, 규모에 비해 금액도 적었고 이미 법정에서 밝혀져서 대주주가 구속된 상태이므로 기업 경영을 오히려 투명하게 하지 않을까 생각했다. 버핏도 이런 사건이 있었다면 당연히 투자 대상에서 제외했을 것이다. 하지만 우리나라 주식시장에서 경영자 리스크를 고려할 때는 기준을 조금 완화해서 볼 필요도 있다고 생각한다. 가장 큰 리스크는 2번 단일 제품 의존성이었는데, 불닭볶음면의 종류를 찾아보고 나서는 과연 단일 제품으로 봐야 하는지 의문이 들었다. 버핏의 투자 포트폴리오를 보면 50개 가까운 분산투자로 보이지만 상위 5개가 70%를 차지하는 집중투자인 것처럼, 삼양식품의 불닭볶음면은 단일 제품이지만 수십 개의 하위 브랜드를 가지고 있었다. 결과적으로 수출 실적을 보지 않고 국내 시장만 보면 삼양식품은 만년 3위 라면 업체이며 단일 제품의 의존도가 너무 크다는 시장의 오해를 받는 회사였고, 이런 시장의 오해는 좋은 실적을 통해 언젠가 깨질 것으로 내다보고 투자에 임했다.

지금까지 일반적인 가치투자자가 기업 분석을 어떻게 하는지 가장 최근의 사례를 이용해서 설명했다. 다시 한번 말하지만 예로 든 기업의 투자를 권유하려는 목적이 절대 아니다. 운을 포함한 단기간의 급등으로 개인적인 목표 가격에 짧은 시간에 도달하여 현재 투자 포트폴리오에도 없는 기업이다. 제조업의 기업 분석을 어떻게 하는지에 대해 참조만 하기 바란다. 이 방법이 정답도 아니며, 많은 기업 분석 방법 중에 이런 방법도 있다는 정도로만 받아들이면 된다.

투자하면서 경험을 쌓다 보면 기업을 바라보는 자신만의 안목이 생긴다. 나쁜 기업을 걸러내는 몇 가지 방법도 업그레이드되어 자신만의 투자 철학도 더욱 정교해지고 완성되어간다. 하지만 제일 처음에 투자가 어려운 점에 대해 설명한 것처럼, 투자에는 운이라는 것이 작용하기 때문에 아무리 과정이 좋았더라도 그저 그런 결과나 나쁜 결과를 가져오기도 한다. 아무리 심사숙고해서 선택한 기업이라 할지라도 늘 좋은 수익률이 나올 수는 없다. 그래서 가급적 초보자일수록 투자 기업을 고르는 방법을 참고해서 5~10개로 분산해서 투자하고, 경험이 축적됨에 따라 버핏처럼 3~5개로 집중투자하는 방법을 권한다. 경험상 대부분의 높은 수익은 포트폴리오 한두 개 회사에서 나온다. 쉽진 않겠지만, 그런 회사에 포트폴리오가 집중할 수 있도록 끊임없이 노력해야 한다. 투자 기업을 모니터링하고 포트폴리오를 관리하는 것도 투자 기업 선정만큼이나 중요하다.

투자 기업을 팔로우하는 방법

"오늘날 세상이 빠르게 변화하고 있음은 누구도 부정할 수 없을 것이다.
미래는 과거와는 다른 모습이다. 미래에 우리가 하게 될 사업은 현재와는
또 다른 방식으로 운영될 것이다. 그리고 사업의 성과를 예측하기란 앞으로
12개월 동안 날씨를 예측하는 것과 마찬가지로 어렵다."
– 이드리스 무티, 《하버드 디자인 씽킹 수업》, 유엑스리뷰

지금까지 주식투자와 기업 분석 과정을 잘 따라와준 독자분들에게 나만의
특별한 방법을 소개하고자 한다. 투자 기업에 관한 최신 정보와 뉴스를 쉽
게 팔로우업할 수 있는 방법이다. 만일 투자 기업과 관심 기업이 10~20개
를 넘어 100개 가까이 된다면, 그 기업의 정보를 일일이 추적하고 관찰하는
것도 여간 어렵고 힘든 게 아니다. 우리는 그럴 시간이 없기 때문에, 수고
를 대신해줄 수 있는 방법들을 알고 있어야 한다.

네이버금융 My 서비스*

첫 번째 방법은 네이버금융의 My서비스다. 아마 이 책을 읽고 있는 대부
분의 투자자들이 알고 있는 방법일 것이다. 서비스가 개편되기 전에는 포

트폴리오를 만들고 매수가를 입력하면 현재의 수익률을 바로 조회해볼 수 있었지만, 지금은 그 기능이 사라지고 당일 가격의 등락만 조회할 수 있게 되었다(부디 원래대로 돌아왔으면 좋겠다). 다행히 다음금융의 MY서비스**에 서는 관심 종목을 등록하고 매수가를 입력하면 포트폴리오의 수익률을 한 눈에 볼 수 있다. 네이버나 다음에 관심 기업이나 매수 기업을 등록해놓으 면 그 기업에 대한 뉴스나 증권사 리서치 자료, 공시 내용을 한 번에 조회 할 수 있다. 종목토론실은 군이 들어가지 않아도 된다. 개인적으로 다음금 융의 MY서비스에는 적당한 가격으로 떨어지면 구매할 기업의 쇼핑 리스트 를 만들어놓고 주기적으로 확인하는 용도로 사용하고 있다.

구글문서***

두 번째 방법은 구글 문서의 구글 스프레드시트(MS의 엑셀과 같은 프로그 램)를 이용해서 포트폴리오를 관리하는 것이다. 나도 과거에는 투자 기업 관리를 엑셀로 했지만, 일일이 변동하는 가격을 기입해야 하는 번거로움 때문에 구글 스프레드시트로 옮겼다. 20분 지연된 가격 데이터를 받아오긴 하지만 자동으로 업데이트되어 매우 편리하게 잘 사용하고 있다.

또한 전 세계의 주식 현황을 다음 도표처럼 만들어두고 언제든지 한눈에

---

*   https://finance.naver.com/mystock

** https://finance.daum.net/my

*** https://drive.google.com

구분	현재가	%	YTD	1개월	3개월	6개월	9개월	1년	13개월	52주 최저	52주 최고	90일
코스피	2151.2	-0.77	-1.10%	-1.18%	17.82%	-3.50%	4.01%	3.09%	2.01%	1985.95	2,607.10	～～～
코스피200	285.13	-0.74	-1.80	-1.21%	17.14%	-5.00%	3.93%	4.57%	4.54%	259.06	339.27	～～～
코스닥	777.96	-0.12	14.53%	1.97%	29.37%	13.65%	19.35%	13.33%	6.58%	617	932.01	～～～
S&P500	3152.05	-0.56	-3.25%	-1.19%	14.14%	-4.14%	6.27%	5.07%	9.23%	2191.86	3,393.52	～～～
다우	25706.09	-1.39	-10.96%	-4.76%	9.90%	-11.07%	-4.04%	-5.10%	-1.31%	18213.65	29,568.57	～～～
러셀2000	1398.92	-2.00	-16.07%	-4.67%	15.42%	-16.21%	-8.17%	-10.21%	-7.91%	966.22	1,715.08	～～～
일본	22290.81	-1.06	-3.94%	-0.81%	17.05%	-7.22%	0.38%	2.79%	5.50%	20347.49	24,448.07	～～～
홍콩	25630.11	-2.21	-10.21%	4.70%	4.89%	-11.48%	-3.30%	-9.98%	-6.15%	23540.63	33,484.08	～～～
대만	12073.68	-0.98	-0.22%	4.66%	19.55%	-0.33%	8.66%	11.54%	13.73%	9400.69	12,253.58	～～～
인도	36522.1	-0.59	-12.26%	8.90%	19.00%	-12.75%	-5.15%	-5.72%	-8.14%	32247.74	38,989.65	～～～
영국	6049.62	-1.73	-20.44%	-4.42%	4.46%	-20.58%	-16.13%	-19.44%	-18.23%	6040.26	7,903.50	～～～
유럽	3261.17	-0.76	-14.03%	-0.99%	11.77%	-13.72%	-8.30%	-6.74%	-4.11%	3253.85	3,708.82	～～～
프랑스	4921.01	-1.21	-18.55%	-2.62%	8.78%	-18.47%	-12.80%	-11.36%	-9.01%	4896.8	5,657.44	～～～
독일	12489.46	-0.04	-6.70%	-0.32%	16.76%	-7.15%	0.02%	1.28%	2.74%	11726.62	43,596.89	～～～
이탈리아	19505.95	-1.98	-18.17%	-1.28%	11.09%	-18.37%	-11.73%	-12.01%	-5.36%	19502.46	20,007.82	～～～
스페인	7236.9	-1.22	-25.33%	-5.57%	1.80%	-24.17%	-21.73%	-22.02%	-22.03%	7221.1	10,643.40	～～～
변동성지수 (VIX)	29.26	4.20	134.64%	6.13%	-28.93%	100.82%	126.30%	126.30%	82.99%	11.42	85.47	～～～

체크해볼 수도 있으니, 구글 스프레드시트에 탑재되어 있는 구글 파이낸스 함수를 익히면 편리하게 포트폴리오를 만들어서 관리할 수 있다. 투자자에게 구글 스프레드시트는 선택이 아닌 필수 도구가 됐을 정도로 반드시 알아야 할 툴이다. 앞의 서비스도 좋지만, 자신의 투자 포트폴리오 관리는 개인적으로 구글 스프레드시트를 추천한다.

피들리[*]

이제 마지막이자 제일 중요한 서비스인 피들리다. 앞의 2가지 서비스와 달리 피들리 서비스를 알고 있는 사람은 그리 많지 않을 것으로 생각된다. 네이버와 구글은 전 국민이 아이디 하나 정도는 가지고 있겠지만, 피들리를 이용하기 위해서는 회원 가입을 해야 한다. 다행히 페이스북이나 구글 아이디로 별도의 회원 가입 없이 이용이 가능하다. 당연히 무료다. 피들리는 RSS$_{\text{Rich Site Summary}}$라는 형식으로 서비스하는 뉴스나 블로그 사이트를 한곳에서 조회해볼 수 있는 웹 기반의 RSS 리더 서비스다. 쉽게 이야기해서, 과거 RSS가 나오기 전에는 필요한 정보를 얻기 위해 일일이 해당 사이트에 직접 접속해서 정보를 봐야 했지만, RSS 서비스는 그럴 필요 없이 웹사이트에 새로운 정보가 등록되면 자동으로 수집해서 RSS 리더로 볼 수 있도록 제공한다. 과거에는 구글에서도 이 기능을 제공했지만 현재는 서비스를 중단했고, 현재는 피들리가 RSS 리더 서비스를 제공하고 있는 기업들 중

---

[*] https://feedly.com

에서 가장 좋은 서비스라고 생각한다.

예를 들어 내 투자 기업과 관심 기업이 20개라면 20개의 공시를 일일이 체크하기 위해 직접 전자공시사이트 다트에 들어가서 확인해야 했지만, 피들리에 RSS 주소를 등록해놓으면 새로운 공시가 올라올 때마다 자동으로 모아서 나에게 보여준다. RSS 주소만 알면 피들리에 로그인해서 등록하기만 하면 된다. 20개면 20개의 RSS 주소를 등록한다. 앞에서 예를 든 삼양식품의 공시와 관련된 RSS 주소를 알기 위해서 전자공시사이트 다트에 들어가 삼양식품을 검색하면 오른쪽과 같은 화면이 나온다.

초록색으로 표시한 회사명을 클릭하고 팝업이 뜬 후 하늘색으로 표시한 RSS 버튼을 클릭하면 상단에 뜨는 새 창의 노란색 부분을 복사해서 피들리에 RSS 주소를 등록하기만 하면 된다. 아주 간단한 작업이니 한 번만 해두면 관심 기업의 모든 공시 정보를 모아서 한꺼번에 새로운 공시들을 조회할 수 있다.

여기서 끝이 아니다. 관심 기업의 새로운 뉴스 기사를 RSS를 통해 피들리에 등록하면 자동으로 저장되어 조회할 수 있다. 이번에도 삼양식품을 예로 들어보겠다. 네이버의 뉴스 검색창에 삼양식품을 검색하면 뉴스 기사들이 나온다. 오른쪽 중간 부분에 위치한 '뉴스검색 RSS 보기'를 클릭하면 새로운 창이 뜨는데, 우리가 필요한 것은 주소창에 들어 있는 주소다. 주소창을 클릭하면 전체 주소가 선택되는데, 자판의 Ctrl+C를 눌러 복사한 후 피들리 웹사이트에 들어가서 이 주소를 Ctrl+V로 붙여넣기 해서 등록해주면 된다. 이제 아침마다 피들리에 들어가면 관심 기업의 공시 정보와 새로운 뉴스 기사들이 일목요연하게 정리되어 있을 것이다. 내 개인비서가 밤새 나를 위해 일하고 있는 것이다.

출처: 다트

　공시 정보와 기업 관련 뉴스 외에도 추가하면 좋은 것이 네이버 블로그다. 블로그의 영향력이 예전보다 줄어들긴 했지만, 여전히 좋은 콘텐츠들이 많이 올라오고 있다. 좋은 글을 보았을 때 피들리에 등록해놓으면 새로운 글이 올라올 때마다 자동으로 피들리에 들어온다. 특히 국내 대부분의 증권사들은 네이버 블로그를 운영하고 있기 때문에, 블로그 주소를 피들리에 등록해놓으면 각 증권사의 좋은 정보들을 바로바로 볼 수 있다. 피들리는 앱으로도 서비스를 제공하고 있으므로, 핸드폰에 설치해두면 언제 어디서나 정보를 조회할 수 있다. 피들리는 쓰면 쓸수록 유용한 서비스다. 개인이 어떻게 사용하느냐에 따라 범위를 무궁무진하게 확장할 수도 있고, 홀

류한 개인 비서가 될 수도 있으니 잘 활용하기 바란다.

지금까지 내가 12년간 학습하고 경험하고 실수를 통해 배운 주식투자에 대한 지식을 풀어보았다. 존경하는 워런 버핏은 "본격적인 투자를 하기 전에 10년 내지 15년간 이론과 실전에서 집중적인 훈련을 쌓아라. 특히 그중 몇 년은 반드시 명투자자 밑에서 훈련을 쌓아라"라고 말했다. 나는 이제 겨우 훈련을 마치고 출발선상에 서 있는 사람이지만, 다행히 머리글에서 밝혔듯이 명투자가들 옆에서 훈련을 쌓을 수 있는 행운을 누렸다. 내가 누린 행운과 내가 먼저 했던 투자에 대한 고민을 조금이라도 더 이 책에 담으려고 노력했다. 주식투자를 쉽게 생각한 사람이 이 책을 읽고 생각을 바꿨다면 좋겠고, 또 주식투자를 어렵게만 생각했던 사람이 이 책을 읽고 생각을 바꿨으면 더 좋겠다. 과거의 나처럼 주식투자는 도박이라고 생각했던 사람이 이 책을 읽고 주식투자는 좋은 투자 방법이라고 생각을 바꾼다면, 이 책의 소임은 다 한 것이다.

부디 투자를 시작하기 전에 부록에서 소개하는 책들도 함께 읽으면서 투자 대가들의 가르침을 바탕으로 투자 이론을 먼저 학습한 후에 실전으로 뛰어들어 좋은 투자 경험을 많이 쌓길 바란다.

부록

투자를 시작하기 전 먼저 읽어야 할 추천 도서

"인간은 단지 행복하기를 원하는 게 아니라,
남들보다 더 행복하기를 원한다. 그런데 우리는 무조건 남들이 자기보다
더 행복하다고 생각하기 때문에 남들보다 행복해지기 어려운 것이다."
－ 세네카

1. **현명한 투자자**(벤저민 그레이엄 지음, 이건 옮김, 국일증권경제연구소)
   워런 버핏의 스승 벤저민 그레이엄이 '증권분석'에 대해 개인 투자자들이
   이해하기 쉽게 풀어서 쓴 책으로 19살의 버핏이 읽고 투자에 눈을 뜬 가
   치투자의 바이블이다.

2. **스노볼 1, 2**(앨리스 슈뢰더 지음, 이경식 옮김, 랜덤하우스코리아)
   워런 버핏이 공식적으로 인정한 그의 자서전이다. 버핏의 일생을 가장 자
   세하게 엿볼 수 있는 책인데 아쉽게도 현재는 절판되었다. 인간 워런 버
   핏을 만날 수 있다.

3. **찰리 멍거**(트렌 그리핀 지음, 홍유숙 옮김, 처음북스)
   버크셔 해서웨이의 2인자 찰리 멍거에 대한 책이다. 투자자에게 적합한
   기질과 투자자가 피해야 할 행동편향에 대해 구체적으로 배울 수 있다.

4. **워런 버핏 바이블**(워런 버핏 · 리처드 코너스 지음, 이건 옮김, 에프엔미디어)
   워런 버핏이 직접 쓴 주주서한과 버크셔 해서웨이 주주총회에서 주주들
   과 주고받은 질문과 답변을 주제에 맞게 일목요연하게 정리한 책이다. 비
   교적 최근 서한들을 모아놓았다.

5. **워런 버핏의 주주서한**(워런 버핏 지음, 로렌스 커닝햄 엮음, 이건 옮김, 서울
   문화사)
   1977년부터 2011년까지 33년 동안의 주주서한을 모아놓은 책이다. 워런
   버핏 바이블이 다루지 않은 먼 과거의 서한들을 챙겨볼 수 있다.

6. **워런 버핏 라이브**(대니얼 피컷 · 코리 렌 지음, 이건 옮김, 에프엔미디어)
   워런 버핏과 찰리 멍거가 버크셔 해서웨이 주주총회에서 주주들의 질문
   에 답변한 내용을 모두 기록한 책이다. 1986년부터 2018년까지의 주주총
   회가 담겨 있다.

7. **워런 버핏, 부의 기본 원칙**(제레미 밀러 지음, 이민주 옮김, 북하우스)
   본격적으로 투자조합을 운용하던 젊은 시절의 버핏을 구체적으로 다
   루고 있는 거의 유일한 책이다. 이 책과 비교하며 읽어볼 것을 권한다.
   1957~1970년의 초창기 주주서한을 볼 수 있다.

8. **위대한 기업에 투자하라**(필립 피셔 지음, 박정태 옮김, 굿모닝북스)
   1950년대에 처음으로 성장주의 개념을 알린 필립 피셔의 대표작이다. 기
   업의 정성적인 분석을 어떻게 하는지에 대한 교과서다.

9. **경제적 해자**(팻 도시 지음, 전광수 옮김, 리더앤리더)
   워런 버핏이 좋은 기업을 골라낼 때 가장 중요하게 생각하는 경제적 해자
   에 대한 안내서다. 모닝스타의 경제적해자 등급 개발자가 직접 쓴 책이다.

10. **투자를 어떻게 할 것인가?**(모니시 파브라이 지음, 김인정 옮김, 이레미디어)
    기업의 내재가치 평가를 어떻게 하는지에 대한 적절한 사례와 버핏의 가
    치투자 방법을 발전시킨 단도투자에 대해 알려준다.

11. **전설로 떠나는 월가의 영웅**(피터 린치 · 존 로스차일드 지음, 이건 옮김, 국일
    증권경제연구소)
    마젤란펀드를 운용한 피터 린치가 쓴 투자 안내서로, 종목 선정과 분석을
    어떻게 해야 하는지에 대한 구체적 사례가 많아 주식투자 입문서로 가장
    많이 추천하는 책이다.

12. **주식시장을 이기는 작은 책**(조엘 그린블라트 지음, 안진환 옮김, 시공사)
    헤지펀드 고담캐피탈을 운용해 1985년부터 2005년까지 연평균 40%의
    수익을 올린 조엘 그린블라트의 마법 공식에 대한 안내서다. 퀀트투자의
    첫걸음으로 적합하다.

13. **모닝스타 성공투자 5원칙**(팻 도시 지음, 조영로 · 조성숙 옮김, 이콘)
    재무제표 분석 방법, 기업 분석 방법, 내재가치 평가 방법 등 가치투자의
    기본적인 분석 방법과 각 산업별 적용 방법을 구체적인 사례로 설명하는
    가치투자자의 기본 교과서다.

14. **안전마진**(Margin of safety, 국내 미출간)

    전설적인 가치투자자 세스 클라만이 1991년에 쓴 책으로, 현재는 절판되었다. 안전마진의 중요성에 대한 혜안을 얻을 수 있다.

15. **왜 채권쟁이들이 주식으로 돈을 잘 벌까?**(서준식 지음, 팜파스)

    채권형 주식의 내재가치 평가법에 대해 쉽게 풀어 쓴 책이다. 현재는 절판되어 《다시 쓰는 주식 교과서》(에프엔미디어)로 재출간되었다.

16. **주식투자 절대법칙**(필 타운 지음, 조성숙 옮김, 랜덤하우스중앙)

    워런 버핏 가치투자 2.0에 대해 가장 자세하고 적용하기 쉽게 설명하고 있는 책으로 현재는 절판되었다. 뒷부분의 주식 툴 3가지를 제외하면 흠잡을 곳이 없다.

17. **듀얼 모멘텀 투자 전략**(게리 안토나치 지음, 서태준·강환국 옮김, 에프엔미디어)

    게리 안토나치는 38년 경력의 투자자로 듀얼 모멘텀에 기초한 투자법을 개발했다. 동적 자산배분과 포트폴리오 구성을 고려한다면 꼭 읽어 봐야 할 책이다.

18. **투자에 대한 생각**(하워드 막스 지음, 김경미 옮김, 비즈니스맵)

    워런 버핏이 이메일이 도착하면 가장 먼저 열어본다는 하워드 막스의 투자 철학이 담긴 책이다. 투자의 원칙과 투자 철학을 형성하기 좋은 참고서다.

19. **행운에 속지 마라**(나심 니콜라스 탈레브 지음, 이건 옮김, 중앙북스)

    《블랙 스완》의 저자가 쓴 책으로 불확실한 투자의 세계에서 운을 어떻게 다루면서 살아가야 하는지에 대한 통찰이 담긴 책이다.

20. **가치투자의 비밀**(크리스토퍼 브라운 지음, 권성희 옮김, 흐름출판)

    가치투자의 명가 트위디 브라운의 '정통 가치투자는 바로 이것이다'를 보여주는 책이다. 가치투자의 기본 원칙들이 이 책에 모두 들어 있다.

투자에 유용한 인터넷 사이트

"사람의 마음은 낙하산과도 같아서, 열려 있을 때만 제 기능을 다한다."

– 토마스 듀어

1. 다트(http://dart.fss.or.kr)
2. 아이투자(http://www.itooza.com)
3. 한국거래소(http://www.krx.co.kr)
4. 에프앤가이드(http://www.fnguide.com)
5. 네이버금융(https://finance.naver.com)
6. 금융투자협회(http://freesis.kofia.or.kr)
7. 한국IR협의회(http://www.kirs.or.kr)
8. KOSIS 국가통계포털(http://kosis.kr)
9. 한경컨센서스(http://consensus.hankyung.com)
10. 증권정보포털 세이브로(http://seibro.or.kr)
11. EDGAR(https://www.sec.gov/edgar/search)
12. 포트폴리오 비주얼라이저(https://www.portfoliovisualizer.com)
13. 스톡차트(https://stockcharts.com)
14. Stockrow(https://stockrow.com)
15. 아이투자 미국주식(http://us.itooza.com)
16. 모닝스타(https://www.morningstar.com)
17. 버크셔 해서웨이(https://www.berkshirehathaway.com)
18. 핀비즈(https://finviz.com)
19. S&P500 PE Ratio(https://www.multpl.com)
20. 구루포커스(https://www.gurufocus.com)

맺음말

아주 오래전에 적어두었던 우스꽝스러운 메모가 하나 있다.
위대한 가치투자자들로 야구팀을 만든다면 타순이 어떻게 될까?

1번 타자 존 네프

2번 타자 월터 슐로스

3번 타자 피터 린치

4번 타자 워런 버핏

5번 타자 찰리 멍거

6번 타자 벤저민 그레이엄

7번 타자 하워드 막스

8번 타자 세스 클라만

9번 타자 크리스토퍼 브라운

여기에 빠져 있지만, 마법 공식을 만든 조엘 그린블라트를 어떻게 해야 하나 한참을 고민했다. 그는 타자가 아니라 오히려 타자를 철저하게 분석해서 무력화시키는 제구력이 좋은 투수에 더 적합할지도 모르겠다는 생각이 들었기 때문이다. 이 책은 저 리스트에 있는 위대한 가치투자자들 덕분에 쓸 수 있었다. 이제 새롭게 주식투자의 세계에 뛰어든 당신의 이름도 누군가의 위대한 투자자 리스트에 꼭 들어가길 바란다.

투자는 야구와 비슷한 점이 많아서, 버핏도 야구에 비유해서 많이 이야기했다. 다만 투자의 세계는 야구와 달리 삼진아웃이 없다는 것을 꼭 명심하길 바란다. 스트라이크가 3번 들어오기 전에 무조건 나쁜 공이라도 휘둘러서 맞춰야 할 필요가 없다. 가슴이 뛰지 않는 그저 그런 회사나 잘 모르는 회사는 그냥 내버려두면 된다. 당신이 이제 투자의 타석에 들어섰다면 다음을 명심하라.

1. 지나간 좋은 공은 아쉬워하지 말 것
2. 이미 휘두른 나쁜 공은 빨리 잊어버릴 것
3. 스트라이크 존을 최대한 좁힐 것
4. 좋은 공이 올 때까지 기다릴 것
5. 마침내 기다렸던 공이 왔을 때 배트를 힘차게 휘두를 것

5가지만 명심하면 시장을 크게 이기지 못하더라도 절대 지지 않는 게임을 할 수 있을 것이다.

건투를 빈다.

"When the facts change, I change my mind."
(사실이 바뀌면 나는 마음을 바꾼다.)

– 존 메이너드 케인스